JN239320

税理士法人 山田&パートナーズ 編

国際事業承継の税務Q&A

税務研究会出版局

はしがき

国際相続の書籍を2000年初頭に公認会計士や税理士の仲間と執筆しました。これからは、国際間の相続が実務で必要になるとの思いで、書籍を出しました。高度経済成長期に海外で働き、お子さんが海外の国籍を持っている、海外に定住している、財産の一部が海外にあるという方が、そろそろご自身の相続について考えたり、実際に相続が起こる時代に入ってきていたころです。その後、当法人では米国、香港、台湾、中国、シンガポール、ドイツ、オランダ、イギリス、フランス、スイス、オーストラリア、ニュージーランド、フィリピン、タイ、スウェーデン、カナダなどの多数国の案件を対応して参りました。

今、ここに国際事業承継の書籍を発刊させていただくことになりました。これからは日本企業が海外で利益を上げることを加速させ、優秀な人が海外で稼ぐ時代になるでしょう。事業承継は株式の承継が大きなテーマの一つです。企業の株式を評価するに当たり海外子会社を有するケースが増え、株主の一部が海外に所在するケースも増えてくるでしょう。株の評価は海外子会社が存在すると様々な相続税の論点があります。また、国際的な組織再編は法人税・相続税・所得税の論点をもたらします。海外に居住する株主の株式移転や事業承継税制の適用に関して相続税と所得税の論点が多数出てきます。

事業承継はリーマンショック少し前の2005年頃から注目され始め、その後国の重要政策の一つとなっています。平成21年（2009年）度税制改正で贈与税及び相続税の納税猶予制度がスタートしたことや、事業承継型M&Aが活況を呈したのはご案内の通りです。当法人でも多数の案件を取り扱わせていただき、その中には国際の論点が関係する案件が少なからずあります。

　このような多くの実務経験に基づき、事業承継において国際が関係する税務の取扱いについて本書籍にまとめさせていただきました。株式の評価、組織再編、M&A、株主などの税務の取扱いについて、税制の扱いや実務の論点及び考え方を整理しております。事業承継は、企業規模は大中小様々で、事業会社があれば上場企業オーナーの持株会社もあり、海外子会社の所在地は国の数だけ、承継者は親族・社員・第三者、海外株主の所在地国は国の数だけ、これらを掛け算するとおそらく天文学的なパターンになると思われます。ではありますが、本書に記載をしている日本の税制をベースとして、これに該当地国の税制を組み合わせ、租税条約を適用していけば、実務を進めることができると思います。

　これからの日本経済に必須といえるグローバル化、そして企業の継続性を支える事業承継、これらがクロスする国際事業承継の税務を掲載する本書が、微力ながら企業及び株主のお役に立てることを願っております。本書の出版にあたり税務研究会様には大変お世話になりました。この場を借りて御礼申し上げます。

執筆者代表

税理士法人山田＆パートナーズ

税理士　三宅茂久

目　次

（注）本書では特に断りがない限りは、外国法人・外国子会社・外国関係会社は未上場会社を前提としている。

第１章　外国法人株式の相続税評価

第２章　外国子会社・関係会社を有する国内法人株式の相続税評価

第３章　海外が関係する場合の事業承継税制

第５章 海外居住親族への株式承継

第６章　国外転出時課税制度の概要

第７章　海外居住親族からの株式承継

凡　例

相続税法1条1項1号：相法1①一

相続税法施行令：相令

相続税法施行規則：相規

租税特別措置法：措法

相続税基本通達：相基

相続税財産評価基本通達：財基通

中小企業における経営の承継の円滑化に関する法律：円滑化法

中小企業における経営の承継の円滑化に関する法律施行規則：円滑化省令

国税通則法：通法

租税条約等の実施に伴う所得税法、法人税法及び地方税法の特例等に関する法律の施行に関する省令：租税条約等実施特例法の施行に関する省令

他の税目は上記に準ずる

第1章

外国法人株式の相続税評価

外国法人株式の相続税評価

Q1-1 取引相場のない外国法人株式の相続税評価の概要を教えてください

ポイント

- 財産評価基本通達に定める「取引相場のない株式」の評価方法に準じて評価する
- 類似業種比準価額の計算要素は、日本の上場会社の株価や利益水準などを用いているため、外国法人株式の評価に用いるのは適当でないと考える
- 売買実例価額若しくは精通者意見価格等を参酌して評価することもできる

【回答】

1 財産評価基本通達5-2の適用

財産評価基本通達（以下、「同通達」という。）では5-2において国外財産の評価を定めており、「国外にある財産は財産評価基本通達に定める評価方法により評価する。なお、同通達によって評価することができない財産については、同通達に定める評価方法に準じて、又は売買実例価額、精通者意見価格等を参酌して評価する」と規定されています（財基通5-2）。

外国法人の株式は国外財産ですので、同通達5-2に基づいて評価します。同通達では、未上場株式の評価は純資産価額、類似業種比準価額、配当還元価額により評価をすると定められていますが、このうち類似業

種比準価額は日本の上場会社の株価、利益、純資産等を計算要素としているため、外国子会社等の評価には適さないと考えられ、外国法人の株式には同通達を（そのまま）適用することができないため、同通達に定める評価方法に準じて、又は売買実例価額、精通者意見価格等を参酌して評価することになります。

2 類似業種比準価額の不適用

（計算式）類似業種比準価額の計算式

$$1株当たりの類似業種比準価額 = A \times \left[\frac{\frac{Ⓑ}{B} + \frac{Ⓒ}{C} + \frac{Ⓓ}{D}}{3} \right] \times 斟酌率 \times \frac{1株当たりの資本金等の額}{50円}$$

Ａ＝類似業種の株価
Ｂ＝課税時期の属する年分の類似業種の1株当たりの配当金額
Ⓑ＝評価会社の直前期末及び直前々期末における1株当たりの配当金額の平均値
Ｃ＝課税時期の属する年分の類似業種の1株当たりの年利益金額
Ⓒ＝評価会社の直前期末以前1年間又は2年間の年平均における1株当たりの利益金額（法人税の課税所得を基礎とした金額）のいずれか低い金額
Ｄ＝課税時期の属する年分の類似業種の1株当たりの簿価純資産価額
Ⓓ＝評価会社の直前期末における1株当たりの簿価純資産価額

上記計算式に含まれている類似業種の株価、類似業種の1株当たりの配当金額、同利益金額、同簿価純資産価額は、日本の上場会社を標本会社として国税庁が定期的に計算をし、公表しています（財基通182、183-2）。

このことから、上記算式に外国法人を当てはめるのは不合理であり、類似業種比準価額は適用できないと解するのが妥当と考えます。

3 同通達に定める評価方法に準ずる評価

未上場株式を評価する場合には、株主の態様による評価方法の区分により原則的評価方式か特例的評価方式かを決めます。評価対象が外国法人であっても原則同じ判定をすべきと考えます。そして、外国法人の原則的評価方式は純資産価額評価になります。

【株主の態様による評価方式の区分】

<table>
<tr><th colspan="5">株主の態様による区分</th><th rowspan="2">評価方式</th></tr>
<tr><th>会社区分</th><th colspan="4">株主区分</th></tr>
<tr><td rowspan="6">同族株主のいる会社</td><td rowspan="5">同族株主</td><td colspan="3">取得後の議決権割合5%以上</td><td rowspan="4">原則的評価方式</td></tr>
<tr><td rowspan="4">取得後の議決権割合5%未満</td><td colspan="2">中心的な同族株主がいない場合</td></tr>
<tr><td rowspan="3">中心的な同族株主がいる場合</td><td>中心的な同族株主</td></tr>
<tr><td>役員</td></tr>
<tr><td>その他</td><td rowspan="2">配当還元価額方式</td></tr>
<tr><td colspan="4">同族株主以外の株主</td></tr>
<tr><td rowspan="5">同族株主のいない会社</td><td rowspan="4">議決権割合の合計が15%以上のグループに属する株主</td><td colspan="3">取得後の議決権割合5%以上</td><td rowspan="3">原則的評価方式</td></tr>
<tr><td rowspan="3">取得後の議決権割合5%未満</td><td colspan="2">中心的な株主がいない場合</td></tr>
<tr><td rowspan="2">中心的な株主がいる場合</td><td>役員</td></tr>
<tr><td>その他</td><td rowspan="2">配当還元価額方式</td></tr>
<tr><td colspan="4">議決権割合の合計が15%未満のグループに属する株主</td></tr>
</table>

4 売買実例価額、精通者意見価格等を参酌した評価

上記3の同通達に定める評価方法に準ずる評価に代えて、売買実例価額又は精通者意見価格等を参酌した評価とすることができます。評価時点に近い時期に第三者間でその株式を売買した事例がある場合の売買実例価額、又は外国法人が所在する国の評価の専門家が算出した精通者意見価格が、合理的な評価額と考えられるときはそれらを用いることができます。

外国法人株式の相続税評価

Q1-2 外国法人株式を純資産価額で評価する場合の留意点を教えてください

ポイント

- 外国法人の資産を財産評価基本通達に基づいて評価する
- 引当金は負債に含まれず、未払税金及び未払退職金は負債に含まれる
- 評価差額に対する法人税額等37％を控除する

【回答】

1 外国法人株式の純資産価額評価

外国法人株式を純資産価額で評価する場合には、外国法人の資産負債を財産評価基本通達（以下、「同通達」という。）に基づいて評価することになりますが、その前提として外国法人の貸借対照表の内容を精査する必要があります。

通常、外国法人の貸借対照表や税務申告書の作成は、現地の会計事務所が担っているケースが多く、一般的に日本側では資産負債の内容や税金計算の理解が不足しています。したがって、先ず貸借対照表を精査し、修正をする必要があるか否かを整理することを推奨します。すなわち、貸借対照表の作成が公正妥当な会計基準に沿っているか、不存在の資産が計上されていないか、債務の計上は適正か、税金の未収未払の処理が適切に反映されているか等が精査のポイントです。評価換えの前に貸借対照表を精査し、資産負債の計上が事実と異なる場合には修正貸借対照

表を作成する必要があります。

また、資産価値が下落している資産については、第三者への譲渡又は現地の税法に基づく損切り、評価減、貸倒処理などを行うことで、より実態を反映した純資産価額を求めることができます。

2 資産の評価替え

資産については、その種別により同通達に定められている規定に基づいて評価替えをします。この点は、日本法人の株式の純資産価額を算定する場合と同じです（財基通185）。しかしながら、同通達により評価することができない、若しくは適切でない資産は現地の精通者意見価格や売買実例価額（精通者意見価格等）を参酌して評価額とします。

3 負債の認識

貸借対照表に計上されている負債のうち確定した債務を純資産価額計算上の負債とします。貸倒引当金、退職給与引当金、その他の引当金及び準備金に相当する金額は負債に含まれず、未払税金及び死亡に起因する支給が確定した退職手当等は負債として認識します（財基通186）。

4 評価差額に対する法人税額等控除

外国法人の株式を純資産価額で評価する場合には、外国法人の評価差額に対する法人税額等37％を控除します（財基通186-2）。

この場合において、その外国法人が所在する国の法人税等の税率を37％に代えて用いることも考えられます。37％の税率論拠と同様に税率を算定できるのであれば､現地の税率を用いることは妥当と考えます。

純資産価額方式による評価

Q1-3 外国法人に不良在庫がありますが、評価上減額することはできますか

ポイント

■　損傷や陳腐化等により財産的価値が減少した商品、製品及び生産品については、個々に課税時期における販売価額の見積りを行うことで、評価額を減額することができる

■　課税時期において実在しないたな卸資産がある場合は、帳簿価額及び相続税評価額には計上しない

■　個々の評価額を算定し難いたな卸資産の評価は、現地国の税法に定められた方法により評価を行うべきと考える

■　財産評価基本通達（以下、「同通達」という。）に従って評価ができない場合には、売買実例価額、精通者意見価格等を参酌して評価することもできる（財基通5-2）

【回答】

1 たな卸資産の評価

(1) たな卸資産の原則的な評価

たな卸資産は、原則として、次に掲げる区分に従い、それぞれ次に掲げるところにより評価します（財基通133）。

①　商品の価額は、その商品の販売業者が課税時期において販売する場合の価額から、その価額のうちに含まれる販売業者に帰属すべき適正利潤の額、課税時期後販売までにその販売業者が負担すると認

められる経費（以下、「予定経費」という。）の額及びその販売業者がその商品につき納付すべき消費税額（地方消費税額を含む。以下同じ。）を控除した金額によって評価する。

② 原材料の価額は、その原材料を使用する製造業者が課税時期においてこれを購入する場合の仕入価額に、その原材料の引取り等に要する運賃その他の経費の額を加算した金額によって評価する。

③ 半製品及び仕掛品の価額は、製造業者がその半製品又は仕掛品の原材料を課税時期において購入する場合における仕入価額に、その原材料の引取り、加工等に要する運賃、加工費その他の経費の額を加算した金額によって評価する。

④ 製品及び生産品の価額は、製造業者又は生産業者が課税時期においてこれを販売する場合における販売価額から、その販売価額のうちに含まれる適正利潤の額、予定経費の額及びその製造業者がその製品につき納付すべき消費税額を控除した金額によって評価する。

(2) 不良在庫等の評価

上述の通り、商品、製品及び生産品については、課税時期における販売価額を基礎として評価されることから、損傷や陳腐化等により財産的価値が減少したいわゆる不良在庫については、個々の販売価額の見積りをすれば、評価額を減額できることになります。また、実在しないたな卸資産が計上されている場合には、評価の対象から除外すべきことになります。

しかしながら、製造業や卸売業、小売業等でたな卸資産の種類が多岐に渡るような場合には、個々の販売価額や予定経費の見積りが煩雑となり、たな卸資産を個別に評価することが困難なケースもあります。このような場合には、企業が所得の計算上選定している方法による評価も認められます（財基通133但書き）。

日本では、原価法である個別法、先入先出法、総平均法、移動平均法、最終仕入原価法、売価還元法又は低価法を選定することができます。低価法を選定していれば、原価法による評価額又は時価のいずれか低い価額で評価できますので、不良在庫を評価減できることになります。

2 外国法人が保有するたな卸資産の評価方法

外国法人が保有するたな卸資産についても、上述の通り評価を行います。国内法人と違う点は、各国の税法の規定により評価を行う必要がある点です。

すなわち、同通達133前段による原則的な個別評価を行う場合、販売価額から納付すべき消費税の額を控除しますが、例えば、EU加盟国の外国法人であれば、消費税の代わりに付加価値税（VAT）を控除することになります。

また、同通達133但書きにより、企業が所得計算上選定している方法を採用する場合においても、国外のたな卸資産の評価については、現地国の税法に従うことになります。例えば、米国やベトナムでは、低価法を選定することができますが、タイでは、税務上は原価法のみが認められているため、個別評価をしない場合には、タイ法人が保有するたな卸資産の評価減は原則として認められないことになります。

なお、上記の同通達133の定めに従って評価ができない場合には、売買実例価額、精通者意見価格等を参酌した評価を行うことも可能です(財基通5-2)。この場合に不良在庫による価値減少があれば、評価に織り込まれることになります。

純資産価額方式による評価

Q1-4 外国法人に不良債権がありますが、評価上減額することはできますか

ポイント

■ 貸付金、売掛金、未収入金等の債権の価額は、返済されるべき元本と課税時期における既経過利息の合計額によって評価する

■ 債権の全部又は一部の回収が不可能又は著しく困難であると見込まれた場合には、それらの金額は元本の価額に算入しない（財基通205）

■ 債務者の現地国の法令等に従って債権の全部又は一部が切り捨てられる場合には、当該切り捨てられる債権は元本の価額に算入しない

【回答】

1 貸付金債権等の評価

貸付金、売掛金、未収入金、預貯金以外の預け金、仮払金、その他これらに類する貸付金債権等の価額は、次に掲げる元本の価額と利息の価額との合計額によって評価します（財基通204）。

(1) 元本の価額　＝　その返済されるべき金額

(2) 利息の価額　＝　課税時期現在の既経過利息として支払を受けるべき金額

2 評価上減額できる不良債権の概要

債権金額の全部又は一部が課税時期において、次に掲げる金額に該当するときその他その回収が不可能又は著しく困難であると見込まれるときにおいては、それらの金額は元本の価額に算入しないこととされています（財基通205）。

(1) 債務者について次に掲げる事実が発生している場合におけるその債務者に対して有する貸付金債権等の金額（その金額のうち、質権及び抵当権によって担保されている部分の金額を除く。）

イ　手形交換所（これに準ずる機関を含む。）において取引停止処分を受けたとき

ロ　会社更生法の規定による更生手続開始の決定があったとき

ハ　民事再生法の規定による再生手続開始の決定があったとき

ニ　会社法の規定による特別清算開始の命令があったとき

ホ　破産法の規定による破産手続開始の決定があったとき

ヘ　業況不振のため又はその営む事業について重大な損失を受けたため、その事業を廃止し又は6か月以上休業しているとき

(2) 更生計画認可の決定、再生計画認可の決定、特別清算に係る協定の認可の決定又は法律の定める整理手続によらないいわゆる債権者集会の協議により、債権の切捨て、棚上げ、年賦償還等の決定があった場合において、これらの決定のあった日現在におけるその債務者に対して有する債権のうち、その決定により切り捨てられる部分の債権の金額及び次に掲げる金額

イ　弁済までの据置期間が決定後5年を超える場合におけるその債権の金額

ロ　年賦償還等の決定により割賦弁済されることとなった債権の金額

のうち、課税時期後5年を経過した日後に弁済されることとなる部分の金額

(3) 当事者間の契約により債権の切捨て、棚上げ、年賦償還等が行われた場合において、それが金融機関のあっせんに基づくものであるなど真正に成立したものと認めるものであるときにおけるその債権の金額のうち（2）に掲げる金額に準ずる金額

3 外国法人が保有する不良債権の取扱いについて

外国法人が保有する不良債権についても、上記の通達を準用して評価します。なお、法令等による債権の切捨てについては、日本の法令でなく、現地国の法令で判断することになります。例えば、米国であれば連邦倒産法（連邦破産法)、中国であれば企業破産法などの適用を確認することになります。

純資産価額方式による評価

Q1-5 外国法人の貸借対照表に前払費用が計上されていますが、評価上減額することはできますか

ポイント

■　前払費用は個々に財産性の有無を判断して資産に計上すべきか否かを判定する

【回答】

貸借対照表に計上された前払費用を資産に計上するかどうかは、課税時期における財産的価値の有無により判断します。例えば､前払保険料、前払賃料等で課税時期において解約したとした場合に返還される金額があるときには､財産的価値があると考えられるので評価上減額しません。一方、前払費用のうち契約上返還されないことが明らかである場合には純資産価額の計算上、帳簿価額と相続税評価から減額します。

外国法人の貸借対照表に計上されている前払費用についても同様の判断基準により評価することになります。したがって、外国法人で保管している契約書や約款等を確認し、契約上返還義務があるかどうか等を確認する必要があります。

純資産価額方式による評価

Q1-6 外国法人の貸借対照表に繰延資産や繰延税金資産が計上されていますが、評価上減額することはできますか

ポイント

- 繰延資産は個々に財産性の有無を判断して資産に計上すべきか否かを判定する
- 繰延税金資産は財産的価値がなく、繰延税金負債は確実な債務ではないため、帳簿価額及び相続税評価額ともに資産又は負債として計上しない

【回答】

法人税法上、繰延資産とは法人が支出する費用のうち支出の効果がその支出の日以後1年以上に及ぶものをいい、以下のような費用（資産の取得価額に算入される費用及び前払費用を除く。）が該当します（法令14）。

【法人税法上の繰延資産】

創立費	創立時の設立登記費用など
開業費	設立後の開業準備のために支出する費用
開発費	新たな技術や資源開発又は市場開拓のために支出する費用
株式交付費	株券等の印刷費、資本金の増加の登記についての登録免許税等の費用
社債等発行費	社債券等の印刷費や発行のために支出する費用

自己が便益を受ける公共的施設又は共同的施設の設置又は改良のための費用	自己の都合で公道を舗装した場合の費用、所属する協会等の会館建設のための負担金など
資産を賃借し又は使用するための費用	建物を賃借するために支出する権利金、立退料等の費用
役務の提供を受けるための費用	ノウハウ設定の頭金等の費用
広告宣伝用資産の贈与のための費用	看板、ネオンサイン、どん帳等の贈与費用等
その他自己が便益を受けるために支出する費用	職業運動選手との専属契約のための契約金、同業者団体への加入金等

繰延資産の評価についても**Q1-5**の前払費用と同様に、財産性の有無に着目して資産に計上すべきかどうかを判定します。財産性がないと判断された繰延資産については純資産価額の評価上、帳簿価額と相続税評価から減額します。

また、外国法人が税効果会計を適用している場合には、繰延税金資産や繰延税金負債が貸借対照表に計上されています。繰延税金資産は将来の法人税等を減額する効果を持ちますが、換金可能性はなく、評価上は財産性があるとは認められませんので、帳簿価額と相続税評価から減額します。繰延税金負債については引当金と同様に課税時期における確実な債務ではないため、繰延税金資産と同様に帳簿価額と相続税評価から減額します。

純資産価額方式による評価

Q1-7 外国法人が不動産を有していますが、どのように評価をすれば良いですか

ポイント

■ 国内不動産は、原則として財産評価基本通達に従い、土地であれば路線価等を使用して評価を行い、家屋であれば固定資産税評価額を使用して評価を行う

■ 海外不動産は、原則として、売買実例価額又は精通者意見価格等を参酌して評価する

■ 海外不動産は、課税上弊害がない限り、取得価額又は課税時期後の譲渡価額を基に時点修正して求めた価額により評価することができる

【回答】

1 国内不動産の評価の概要

(1) 土地について

国内の土地の評価については、原則として財産評価基本通達(以下、「同通達」という。)に従い路線価等を使用して評価を行います。具体的には、市街地的形態を形成する地域にある宅地は路線価方式を用い、それ以外の宅地は倍率方式により評価を行います（財基通11)。なお、日本では、外国法人による国内不動産の所有に制限を設けていませんので、外国法人であっても日本の土地を所有することが可能です。

(2) 家屋について

国内の家屋の評価については、原則として、同通達に従い固定資産税評価額により評価を行います（財基通89)。なお、マンション等の区分所有家屋については、家屋全体の評価額を基にし、各専有部分の持分に応じて評価します。

2 海外不動産の評価（基本的な考え方）

国外財産についても、同通達に定める評価方法により評価を行います。同通達によって評価することができない財産については、同通達の定めに準じて、又は売買実例価額、精通者意見価格等を参酌して評価を行います（財基通5-2)。

海外不動産については、日本のように路線価や固定資産税評価額の情報が公表されていないため、原則として、売買実例価額又は精通者意見価格等を参酌して評価を行うことになりますが、例えば、韓国のように「不動産価格公示及び鑑定評価に関する法律」が定められ、標準地公示価格が公示されている場合には、当該制度に基づく価格による評価も考えられます。

3 海外不動産の評価（課税上弊害がない場合）

海外不動産について、課税上弊害がない場合には、当該海外不動産の取得価額を基に時点修正のための合理的な価額変動率を乗じた価額又は課税時期後の譲渡価額を基に課税時期現在の価額として合理的な価額変動率を乗じた価額とすることが出来ます。なお、合理的な価額変動率は、公表されている諸外国における不動産に関する統計指標等を参考にします。

また、課税上弊害がない場合とは、その不動産の取得価額や譲渡価額が、当該取得や譲渡の時において適正な時価で取引されていることを指し、例えば、親族から低額で譲り受けた場合や債務の返済等のために売り急ぎがあった場合などは課税上弊害があると考えます。

4 その他の検討事項

(1) 課税時期前3年以内に取得した不動産について

純資産価額方式において、評価会社が課税時期前3年以内に取得又は新築した土地等（土地・土地の上に存する権利）、家屋等（家屋・附属設備・構築物）を所有している場合には、路線価や固定資産税評価額ではなく、課税時期における通常の取引価額に相当する金額により評価することとなります。この点は、海外不動産についても同様ですが、そもそも海外では売買実例価額等の通常の取引価額により評価することになるため、この取扱いによる影響は限定的と言えます。

(2) 海外不動産の特徴と検討事項

海外不動産の取扱いは、その所在する国により様々です。例えば、米国では、家屋を土地から独立した別の財産とは見ないことから、財産評価を行う際には固定資産税割合や鑑定評価等の一定の基準で土地と建物を区分する必要があります。また、中国では、土地は国有財産であり、実際に取引されるのは土地使用権となります。この土地使用権について、財産価値の有無等が争われた裁決事例[1]がありますが、当該裁決事例では、土地使用権に財産価値があるとする裁決が下っています。したがって、原則として現地で鑑定評価を行う、又は取得価額に時点修正を加えるなど土地使用権としての評価が必要です。不動産は、所在する国によって所有形態や取扱いが異なりますので、留意が必要です。なお、次頁の表にて、不動産の取扱いに特徴のある国を数か国列挙しています。

1　土地使用権の評価の有無が争われた事例（平成20.12.1名裁（諸）平成20-35）。

【国ごとの不動産の特徴例[2]】

国	土地所有	評価対象	財産評価を行う上での主な検討事項
米国	可	土地	家屋を土地と独立した不動産と見ないため、鑑定評価により土地と家屋の区分が必要。
韓国	可	土地	国から土地の標準地公示価格が公示される。
中国	不可	土地使用権	土地使用権としての鑑定評価等が必要。
ベトナム	不可	土地使用権	中国と同様。

(3) 海外不動産の評価における借地権[3]等の控除について

不動産に借地権や借家権（以下、「借地権等」という。）が設定されている場合、同通達では、借地権等の価額を控除した金額により評価することとしています。しかし、海外不動産については、これらを控除することはできません。

海外不動産が賃貸されており賃借権等が設定されている場合、当該賃借権等が、その価額に影響を及ぼすのであれば、売買実例価額又は精通者意見価格等の算定過程で考慮されるべきです。

2　参考：海外建設・不動産市場データベース「国交省 HP」等。
3　米国不動産の評価について、借家権を控除出来るかが争われた事例（平成28.2.4大裁（諸）平成27-39）

純資産価額方式による評価

Q1-8 外国法人の土地保有特定会社の取扱いを教えてください

ポイント

- ■ 土地保有特定会社に該当する場合には、国内法人と外国法人のいずれであっても、会社規模等に関わらず原則として純資産価額方式により評価を行う
- ■ ただし、外国法人は、そもそも原則として純資産価額方式に準じた評価を行うことになるため、土地保有特定会社の判定は不要なことが多い
- ■ 土地保有割合算定上の土地等には、国外不動産も含まれるため、現地国の不動産所有に係る取扱いを確認する必要がある

【回答】

1 土地保有特定会社の判定と株式評価

土地保有特定会社に該当した場合には、純資産価額方式により評価を行います。土地保有特定会社の判定は、課税時期における法人の総資産価額（相続税評価額）のうちに、保有する土地及び土地の上に存する権利（以下、「土地等」という。）の価額の合計額が占める割合（以下、「土地保有割合」という。）により行います。具体的には、会社規模等に応じて次のように定められています。

評価対象会社が外国法人であっても、国内法人と同様に財産評価基本通達（以下、「同通達」という。）に定める評価方法により評価しますの

で、土地保有特定会社に該当する場合には、外国法人であっても純資産価額方式により評価することになります。

≪土地保有特定会社の判定≫
⑴　大会社：土地保有割合が70％以上
⑵　中会社：土地保有割合が90％以上
⑶　小会社（総資産基準で大会社※1に該当）：土地保有割合が70％以上
　※1　卸売業の場合は総資産簿価が20億円以上、それ以外は15億円以上の会社。
⑷　小会社（総資産基準で中会社※に該当）：土地保有割合が90％以上
　※2　卸売業の場合は総資産簿価が7,000万円以上、小売・サービス業の場合は4,000万円以上、それ以外は5,000万円以上の会社。

2 外国法人の土地保有特定会社について

外国法人株式は、原則として類似業種比準価額が使用できず、純資産価額方式に準じた評価を行います。あるいは、この方法に代えて、売買実例価額、精通者意見価格等を参酌した評価を行うことも認められています（**Q1-1**の通り）。実務上は、純資産価額に準じた評価を用いるケースが多いため、上記1の判定で土地保有特定会社に該当する場合であっても、その評価は基本的には同様です。したがって、土地保有特定会社の判定は不要なケースが多いと考えられます。

ただし、同通達の定めでは、土地保有特定会社に該当する場合には、純資産価額方式による評価が「同通達に従った評価」となります。同通達に従った評価ができないことを前提に定められている「同通達に定める評価方法に準じて、又は売買実例価額、精通者意見価格等を参酌して評価（財基通5-2の一部抜粋）」を行うことが、適切でないケースも考えられます。売買実例価額や精通者意見価格等を参酌した評価を検討する際は、念のため土地保有特定会社の判定を行い、該当する場合には、原則として純資産価額方式による評価を行うべきと考えます。

3 土地保有割合の算定

土地保有割合算定上の土地等とは、「土地及び土地の上に存する権利」を指し、国内外に所在する全ての土地等が含まれます。

(1) 国内に所在する土地等

国内に所在する土地とは、宅地、田、畑、山林等で土地に区分される全てが含まれます（財基通7)。また、土地の上に存する権利とは、土地上に設定される権利であって地上権、区分地上権、永小作権、区分地上権に準ずる地役権、借地権等を指します（財基通9)。評価については、**Q1**-7の通り国税庁公表の路線価や倍率表等を用いて算定します。

(2) 国外に所在する土地等

国外に所在する土地等についても、国内に所在する土地等と同様に価額を算定した上で合計金額により土地保有割合を計算します。

ただし、国外に所在する土地等は、その所在する国によりその名称や取扱い等が異なります。例えば、中国では、土地は国有財産のため、評価対象会社が土地を所有していることはあり得ません。土地保有割合算定上は、評価対象会社が所有する土地使用権の評価額を算定し「土地の上に存する権利」として計算する必要があります（**Q1**-7参照)。また、原則として土地所有が可能な米国においても、不動産を直接所有しないコーポラティブアパートメント（Cooperative Apartment)、略称:コープ（Co-op）と言われる所有形態が存在します。コープは、法人や組合を経由して不動産投資を行うため、土地保有割合算定上の土地等に含まれるか否かは、その取引内容ごとに判定する必要があります。

また、海外不動産の評価において、取得価額に時点修正するための合理的な価額変動率を乗じて評価する場合などでは、当該評価額を持って土地保有割合の算定を行って差支えないものと考えます。

純資産価額方式による評価

Q1-9 外国法人が子会社（未上場）を有していますが、どのように評価をすれば良いですか

ポイント

- 子会社が国内法人の場合には、原則として類似業種比準価額方式か純資産価額方式、又はこれらの併用方式で評価を行う
- 子会社が外国法人の場合には、原則として、純資産価額方式に準じた評価や売買実例価額、精通者意見価格等を参酌した評価を用いる
- 国内子会社及び外国子会社のいずれであっても純資産価額算定上生じた評価差額に対する法人税等に相当する金額を控除しない

【回答】

1 国内子会社の株式評価について

外国法人が日本国内に非上場の子会社（以下、「子会社」という。）を有する場合には、当該子会社は、財産評価基本通達（以下、「同通達」という。）に従い、類似業種比準価額方式か純資産価額方式、又はこれらの併用方式で評価を行います。

日本では、タイやインドネシア等のASEAN諸国で多く定められている出資規制は原則として存在しません。外国の法人等が日本へ出資することは可能ですので、外国法人が国内子会社の株式を所有することがあります（ただし、外為法の規定により投資時等に一定の届出が必要な場

合がある。)。

2 外国子会社の株式評価について

(1) 外国子会社の株式評価の原則的な取扱い

同通達5-2では、国外財産であっても、まずは同通達に定める評価方法により評価を行い、それが困難な場合には、同通達に準じて、又は売買実例価額、精通者意見価格等を参酌して評価を行うことになっています。上記1の通り未上場株式の評価は、類似業種比準価額方式か純資産価額方式、又はこれらの併用方式で評価を行いますが、外国法人株式の評価では、原則として類似業種比準価額が認められていません。この取扱いは、外国子会社であっても同様です。したがって、実務上は、外国子会社の株式評価は純資産価額方式に準じて評価を行うことが一般的です。

なお、純資産価額方式に準じて算定した株価が、明らかにその会社の実態を表していない等の事情がある場合には、現地国法令等に基づく評価方法を使用することも考えられます。例えば、ドイツや韓国等では、現地国法令[4]にて一定の評価方法を定めています。当該評価額に合理性がある場合には、現地国法令に基づく評価方法も認められる可能性はあります(相法22、財基通6)。なお、韓国法令に基づく評価の有無が争われた裁決事例[5]がありますが、その際には、特別の事情が存在しないとして、当該韓国法令に基づく評価方法が認められませんでした。いずれにしても、実際の適用については慎重に検討すべきです。

---

4 参考(ドイツ法):§12 ErbStG(相続・事業承継法)、§11 BewG(財産法)等
5 韓国法令に基づく韓国法人株式の評価の是非が争われた事例(令和5. 3.28 東裁(諸)令和4第107号)

(2) 売買実例価額、精通者意見価格等を参酌した評価

上記（1）の同通達に定める評価方法に準ずる評価に代えて、売買実例価額や精通者意見価格等を参酌した評価も認められています。現地専門家により算定された精通者意見価格等が合理的である場合には、当該評価額をもって外国子会社の株式評価とすることが可能ですが、やはり慎重な検討が必要です。

3 評価差額に対する法人税等控除について

純資産価額方式を用いる場合、評価差額の含み益に対して法人税等控除が認められています。ただし、評価対象会社が保有する子会社を評価する際には、評価差額に対する法人税額等相当額の控除は行わずに計算します。これは、国内法人と外国法人のいずれであっても同様の取扱いとなります。

4 その他検討事項

(1) 特例評価方式について

同通達では、未上場株式の評価として、純資産価額、類似業種比準価額の他に配当還元価額による評価も定めています。配当還元価額とは、その株式を所有することによって受け取る一年間の配当金額を、一定の利率（10%）で還元して算定される価額です。同族株主に該当しない少数株主に対して認められた特例的な評価方式です。この配当還元価額は、国内法人の株式評価においてはもちろんのこと、同通達に準じて評価を行う外国法人の株式評価にも適用があります。

出資規制によって外国法人が保有する議決権割合等が制限されている国も存在するため、配当還元方式の検討が必要となる場面もあるでしょう。ただし、議決権割合は小さくても実質的に経営をコントロールして

いる等、形式的な議決権割合のみで判定出来ないことがあります。適用を検討する場合には、形式的な判定ではなく実質的な判定が必要となります。

≪配当還元価額の計算式≫

$$\frac{\text{1株当たりの年配当金額（2期平均）}}{10\%} \times \frac{\text{1株当たりの資本金等の額}}{50\text{円}}$$

(2) 事業体の検討について

法人が所在する国ごとに、事業体の性格について検討が必要です。外国の法令に準拠して設立された事業体が、国内における株式会社や持分会社と同様の性格を有する場合には、その取扱いも同様に考えるべきです。一方で、米国LPS等のように日本の法人に該当するか否かが争われている事例などもあります。仮に法人に該当しない場合には、未上場株式としての評価ではなく、例えば、商法第535条に定める匿名組合に類似した事業体として評価を行うこと等が考えられます。

≪参考：非上場会社の類似事業体の財産評価≫

①持分会社（合同会社等）に対する出資
　：取引相場のない株式の評価に準じて計算する（財基通194）。
②匿名組合契約による出資
　：匿名組合契約が終了したものとした場合に、匿名組合員が分配を受けることができる清算金の額に相当する金額により評価する。清算金の額を算出するに当たっては、純資産価額方式を準用して評価する。

純資産価額方式による評価

Q1-10 外国法人の株式保有特定会社の取扱いを教えてください

ポイント

■　外国法人が株式保有特定会社に該当する場合、S1＋S2方式を選択することが出来ず、原則として純資産価額方式により評価を行う

■　ただし、外国法人は、そもそも原則として純資産価額に準じた評価を行うことになるため、株式保有特定会社の判定は不要なことが多い

■　株式保有割合算定上の株式等の価額とは、株式、出資及び新株予約権付社債の価額の合計額を指し、外国株式であっても当該株式等に含まれる

【回答】

1 株式保有特定会社の判定と評価

課税時期における法人の総資産価額（相続税評価額）のうちに、保有する株式、出資及び新株予約券付社債（以下、「株式等」という。）の合計額の占める割合（以下、「株式保有割合」という。）が50％以上の場合には、株式保有特定会社となります。この場合、会社規模等に関わらず純資産価額方式により評価を行います。ただし、納税義務者の選択によりS1＋S2方式を用いることも可能です。S1＋S2方式とは、未上場株式の評価額を以下の通り株式等以外の部分（S1）と株式等のみの部分

（S2）に分けて計算する方法です。

	概要
S1の金額	・評価対象会社が保有する株式等及び当該株式等に係る配当金等がないものと仮定して、原則的評価により算定する金額です。 ・株式等や配当金等を控除した修正類似業種比準価額、修正純資産価額を用いて算定します。
S2の金額	・評価対象会社が保有するのが株式等のみと仮定して純資産価額を算定します。

なお、評価会社が外国法人であっても、国内法人と同様に財産評価基本通達（以下、「同通達」という。）に定める評価方法により評価しますが、類似業種比準価額を用いることは原則として認められません。S1＋S2方式では、S1の金額算定で類似業種比準価額方式を用いることになるため、この方式を採用することはできません。

2 外国法人の株式保有特定会社について

外国法人株式は、原則として類似業種比準価額が使用できず、純資産価額に準じた評価となりますが、売買実例価額、精通者意見価格等を参酌した評価を行うことも認められています。実務上は、純資産価額に準じた評価を用いることが多いので、株式保有特定会社に該当する場合であっても、評価方法は基本的には同様であり、多くのケースで、株式保有特定会社の判定は不要と考えられます。

ただし、**Q1-8**（土地保有特定会社）と同様、株式保有特定会社に該当する場合には、純資産価額方式による評価が「同通達に従った評価」となります。同通達に従った評価ができないことを前提に定められている「同通達に定める評価方法に準じて、又は売買実例価額、精通者意見価格等を参酌して評価（財基通5-2の一部抜粋）」を行うことが適切でないケースも考えられます。売買実例価額や精通者意見価格等を参酌した評価を検討するときは、株式保有特定会社の判定を行い、該当する場合には、原則として純資産価額方式による評価を行うべきと考えます。

3 株式保有割合の算定

株式保有割合算定上の「株式等」とは、所有目的又は所有期間のいかんにかかわらず評価会社が保有する株式、出資及び新株予約権付社債(会法2㉒）の全てを指します。当該株式等の中には、外国の法令に準拠して設立された外国法人も含まれます。

【参考：株式等に該当するか否か[6]】

種類	株式等の判定
証券会社が保有する商品としての株式	該当する
外国株式	該当する
株式制のゴルフ会員権	該当する
匿名組合出資	該当しない
証券投資信託の受益証券	該当しない

なお、**Q1**-9でもふれましたが、外国の現地国法令によっては、法人等の事業体の定めが日本と異なるケースがあります。例えば、米国では、LLC、LLP、LPS等の事業体があり、更に法人が所在する州によってもその仕組みが様々[7]です。中国では、未上場の会社の場合には、原則として株式会社を設立できず、その多くが持分会社となります。これらの例ですと、米国におけるLLC出資や中国における持分会社は、外国株式として当該株式等に含まれる可能性が高いと考えられますが、株式等に該当するかどうかは、現地専門家等にその国の出資に関する取扱い等を確認した上で慎重に判断する必要があります。

6　参考：質疑応答事例（財産評価）、判定の基礎となる株式等の範囲「国税庁HP」。
7　参考：質疑応答事例（法人税）、米国LLCに係る税務上の取扱い「国税庁HP」。

純資産価額方式による評価

Q1-11 外国法人が機械装置を有していますが、どのように評価をすれば良いですか

ポイント

■ 機械装置は、国内外いずれの設置であっても財産基本通達に定める一般動産として評価し、原則として、売買実例価額、精通者意見価格等を参酌して評価する

■ 売買実例価額や精通者意見価格等が明らかでない場合には、当該機械装置の小売価額から減価償却合計額（定率法）を控除した金額により評価する

■ 小売価額から減価償却合計額を控除して評価を行う場合は、国内外いずれの設置であっても、原則として、国内の耐用年数省令等による耐用年数を使用し、償却方法は定率法により計算を行う

【回答】

1 機械装置の評価について

法人が機械装置を所有している場合には、財産評価基本通達（以下、「同通達」という。）に定める一般動産の評価に従って評価すべきと考えられます（財基通128～130）。同通達では、原則として、売買実例価額、精通者意見価格等を参酌して評価することとされ、当該価額が明らかでない場合には、同種、同規格の新品の課税時期における小売価額から、その動産の製造の時から課税時期までの期間（その期間に1年未満

の端数があるときは、その端数は1年とする。）の定率法により計算した償却費の合計額を控除した金額によって評価することも認められています。

2 国外に設置する機械装置の評価

国外にある財産の価額についても、財産評価基本通達に定める評価方法により評価します（財基通5-2）。したがって、国外の機械装置も、国内と同様に同通達128～130により評価を行います。具体的には、まず売買実例価額、精通者意見価格等を参酌した評価を検討し、当該価額が明らかでない場合には、同種、同規格の新品の課税時期における小売価額から定率法により計算した課税時期までの減価償却合計額を控除した金額により評価します。

(1) 小売価額から減価償却費合計額を控除する場合

外国法人が所有する機械装置について、償却費の合計額を計算する場合には、その機械装置が国内外のいずれに設置していても、原則として日本の減価償却制度に則った計算を行います。

① 国内に設置する機械装置

国内で機械装置を設置している場合には、減価償却費の計算方法は、国内の耐用年数省令等による耐用年数を使用し、減価償却方法は定率法により計算を行います（財基通129）。この場合、外国法人であっても国内にて事業を行い、国内の税務申告書や固定資産台帳等を作成していると考えられるため、当該固定資産台帳等を参考にして計算することになります。

② 国外に設置する機械装置

国外で機械装置を設置している場合であっても、同通達に定める評価方法に従うことになるため、国内の耐用年数省令等による耐用年数を使用し、償却方法は定率法により計算を行います。ただし、現地国法令に基づいた減価償却制度を用いた評価額であっても、その評価額に合理性があれば認められると考えられます。具体的には、現地国で管理されている機械装置の残存価額（取得価額から減価償却合計額を控除後の価額）をもって評価を行う方法等です。

なお、米国や中国、シンガポール等多くの国では、減価償却費の計算について、同通達130に規定されている「定率法」ではなく、原則として「定額法」により計算されます。したがって、耐用年数の違いもありますが、国内法である定率法により再計算した方が評価が低くなるケースも少なくないと思われます。

(2) 課税上弊害がない場合

機械装置を設置する国によっては、経理体制の不備等から適切な帳簿管理や固定資産管理が出来ておらず、適切な減価償却合計額の算定が容易ではないケースが想定されます。この場合には、課税上弊害がない限りにおいて、当該機械装置の取得価額に時点修正のための合理的な価額変動率を乗じて算出した価額又は課税時期後の譲渡価額を基に課税時期現在の価額として算出した価額とすることも可能と考えられます。

純資産価額方式による評価

Q1-12 外国法人が船舶を有していますが、どのように評価をすれば良いですか

ポイント

■ 原則として、売買実例価額若しくは精通者意見価格等を参酌して評価する

■ 上記が明らかでない場合には、船舶を新造する場合の価額から減価償却費の合計額を控除した金額により評価する

【回答】

1 船舶の評価方法

船舶の価額は、原則として、売買実例価額若しくは精通者意見価格等を参酌して評価します（財基通136）。

ただし、売買実例価額、精通者意見価格等が明らかでない船舶については、その船舶と同種同型の船舶（同種同型の船舶がない場合は、評価する船舶に最も類似する船舶）を課税時期において新造する場合の価額から、その船舶の建造の時から課税時期までの期間（1年未満の端数期間切上げ）の減価償却費の合計額を控除した金額により評価します。この場合における減価償却費の計算方法は定率法、耐用年数は耐用年数省令に基づき計算します（財基通136但書き）。

2 売買実例価額若しくは精通者意見価格等

一般的に船舶の売買実例価額を把握することは困難であることから、

船価鑑定会社等の精通者から船価鑑定書を取得し、それらに基づき評価します。

日本の船価鑑定会社※においては、内航船舶※に限らず、外航船舶※の評価も行われているため、外国法人が保有する外航船舶の評価についても国内で評価の依頼をすることが可能です。

※船価鑑定会社：日本海運集会所や日本海事検定協会等の船舶の資産評価等を行う会社
※内航船舶：国内航海に従事する船舶
※外航船舶：国際航海に従事する船舶

3 減価償却費の計算方法及び耐用年数

モーターボート等の小型船舶で鑑定評価額との比較において、相対的に鑑定評価費用が割高となるケースで、かつ、インターネット等で中古価格が判明しない場合には、売買実例価額等が明らかでない場合（財基通136但書き）の計算方法を用いて評価します。

この場合の減価償却費の計算方法は日本の定率法を用いて計算します。また、耐用年数も日本の耐用年数省令に基づき計算します。ただし、現地国法令に基づいた減価償却制度を用いた評価額であっても、合理性がある場合には当該評価が認められるものと考えます。

米国や中国、シンガポールなど多くの国で、減価償却費の計算方法として、定額法が採用されています。したがって、耐用年数の違いにもよりますが、国内法である定率法により再計算した評価額が低くなるケースが多いと思われます。

純資産価額方式による評価

Q1-13 外国法人が知的財産権を有していますが、どのように評価をすれば良いですか

ポイント

■　特許権は、将来受ける補償金の額の基準年利率による複利現価の額の合計額により評価する（合計額が50万円未満の特許権を除く。）

■　著作権は、「年平均印税収入の額×0.5×評価倍率」により評価する

■　実用新案権、意匠権及び商標権は、特許権の評価に準じて評価する

【回答】

1　特許権の評価

(1)　特許権の評価の概要

特許権の価額は、特許権者が自ら使用している特許権を除き、将来受ける補償金（特許の使用料）の額の基準年利率による複利現価の額の合計額によって評価します（財基通140、141）。

(計算式)

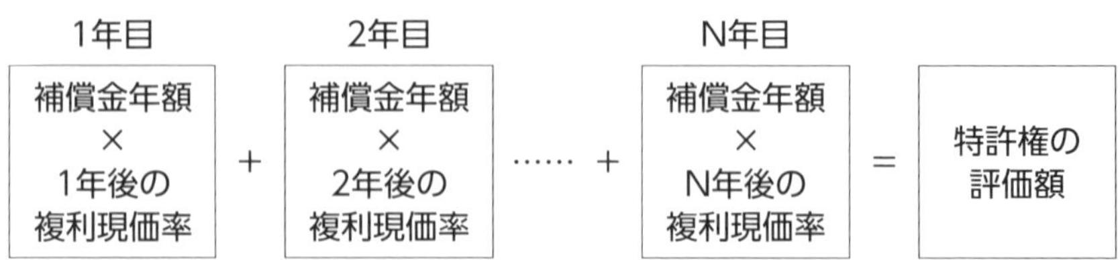

※ 「1年目」及び「1年後」とは、それぞれ課税時期の翌日から1年を経過する日まで（課税時期：×1年4月1日⇒×2年3月31日）及びその1年を経過した日の翌日（課税時期：×1年4月1日⇒×2年4月1日）となります。

「将来受ける」期間は特許権の存続期間の範囲内で推算した年数（財基通143）とされており、一般的には特許契約に基づいて判断します。特許権の存続期間は、日本を含む大半の国で出願日から20年となっています。

なお、取得すると見込まれる補償金の額の合計額が50万円未満の少額な特許権については、評価しないこととされています（財基通144）。

また、特許権の評価が必要なものは他社に利用させているものに限られます。特許権者が自ら使用している特許権は営業権に含めて評価します（財基通145）。課税時期前3年間の平均利益金額が5,000万円以下の場合は、営業権の価額はゼロとなりますが、5,000万円を超える場合には営業権が計上される可能性があります。

(2) 特許権の計算例

(前提)

・補償金年額：5,000,000円

・特許権の計算期間：5年

・課税時期：令和5年12月

【評価額】

項目	1年目	2年目	3年目	4年目	5年目
①　補償金の額	5,000,000	5,000,000	5,000,000	5,000,000	5,000,000
②　複利現価率	1.000	1.000	0.993	0.990	0.988
③　①×②	5,000,000	5,000,000	4,965,000	4,950,000	4,940,000

※　複利現価率は、国税庁が公表している令和5年12月分の複利表を使用している。

特許権の評価額：24,855,000円（1年目～5年目までの③の金額の合計）

2 著作権の評価

(1) 著作権の評価の概要

著作権の価額は、著作者の別に一括して将来の印税収入の見積額を基に、次の算式により計算した金額により評価します。ただし、著作者一括ではなく、個々の著作物に係る著作権について評価する場合には、著作権ごとに次の算式により評価します（財基通148)。

（計算式）
年平均印税収入の額×0.5×評価倍率

年平均印税収入の額は、課税時期の属する年の前年以前3年間の印税収入の年平均額となります。また、評価倍率は著作物に精通している者の意見等を基として推算した印税収入期間に応ずる基準年利率による複利年金現価率により計算します。一般的に評価倍率の算定の基となる印税収入期間は、出版社や出版協会等の精通者に確認をします。

(2) 著作権の計算例

（前提）

・年平均印税収入：4,000,000円

※　令和2年分：3,500,000円、令和3年分：4,500,000円、令和4年分：

4,000,000円

・出版社による印税収入期間：3年

・課税時期：令和5年12月

（評価額）

（3,500,000円＋4,500,000円＋4,000,000円）÷3×0.5×2.985

※　複利年金現価率は、国税庁が公表している令和5年12月分の複利表を使用している。

著作権の評価額：5,970,000円

3 その他の知的財産権の評価

実用新案権、意匠権及び商標権等の価額は、特許権に準じて評価します（財基通146、147）。なお、実用新案権が存在しない国（例：米国）や意匠権の存続期間が異なる国（例：米国、中国）等、各国の知的財産権の内容には違いがあります。外国法人が所有する知的財産権の資産計上額が大きい場合、あるいは使用料が多額に上る場合等、評価額に大きな影響を及ぼす可能性があるときは、当該権利の所在する現地の弁理士等の精通者に知的財産の内容を確認することを推奨します。

純資産価額方式による評価

Q1-14 外国法人がゴルフ会員権を有していますが、どのように評価をすれば良いですか

ポイント

- ■　取引相場のあるゴルフ会員権は、取引価格の70％相当額により評価する
- ■　取引相場のないゴルフ会員権で株主でなければゴルフクラブの会員となれない会員権は、取引相場のない株式の評価方法に準じて評価する
- ■　預託金がある場合には、返還を受けることができる預託金の額を会員権の評価に加算する
- ■　リゾート会員権は、ゴルフ会員権に準じて評価する

【回答】

1　ゴルフ会員権の評価

ゴルフ会員権の価額は、取引相場の有無に応じて次の通りに評価します。なお、プレー権のみのゴルフ会員権については評価しません（財基通211）。

(1)　取引相場のあるゴルフ会員権の評価

取引相場のあるゴルフ会員権は、取引価格の70％相当額により評価します。

この場合において、取引価格に含まれない預託金がある場合には、次

の預託金の金額との合計額が評価額となります。

① 直ちに返還を受けることができる預託金

ゴルフクラブの規約等により返還を受けることができる金額により評価します。

② 一定期間経過後に返還を受けることができる預託金

ゴルフクラブの規約等により、課税時期から返還を受けることができる日までの期間に応ずる基準年利率による複利現価の額により評価します。

ゴルフ会員権の取引相場は、ゴルフ会員権販売会社のホームページ等で確認することができます。日本国内で取引相場のない海外のゴルフ会員権については、現地国の取引相場を確認することになります。なお、日本では多くのゴルフ場が預託金制を採用していますが、世界的に預託金制を採用しているゴルフ場は少数です。

(2) 取引相場のないゴルフ会員権の評価

取引相場のないゴルフ会員権は、次の区分に応じて評価します。

① 株主制の会員権

財産評価基本通達に定める取引相場のない株式の評価に準じて評価します。一般的にゴルフ場の株式を大量に保有することは想定し難いため、配当還元価額で評価されるものと考えます。

② 預託金制の会員権

(1) に記載した預託金と同様に評価します。

③ 株主制、かつ、預託金を預託する必要がある会員権

上記①及び②の金額の合計額により評価します。

2 リゾート会員権の評価

リゾート会員権は、ゴルフ会員権に準じて評価します。したがって、

取引相場のあるリゾート会員権は取引価格の70％相当額が評価額となります。リゾート会員権の取引相場は、ゴルフ会員権と同様にリゾート会員権販売会社のホームページ等で確認することができます。日本国内で取引相場のない海外のリゾート会員権については、現地国の取引相場を確認することになります。また、取引相場のないリゾート会員権は、契約を解除する場合の清算金等の金額に基づき評価します。

純資産価額方式による評価

Q1-15 外国法人の純資産価額計算上の負債にはどのようなものがありますか

ポイント

- ■ 純資産価額計算上の負債は、確実と認められる債務に限られる
- ■ 債務確定していない引当金や準備金は負債として取り扱わない
- ■ 貸借対照表に計上されていない未払税金や死亡退職金も負債となる

【回答】

1 純資産価額計算上の負債の取扱い

純資産価額計算上の負債は、原則として貸借対照表に計上されている各負債の金額の合計額となります。

ただし、負債として計上できるのは、課税時期において確実と認められる債務に限られているため、債務確定していない貸倒引当金や退職給付引当金等の引当金や準備金は負債として計上できません。

また、次に掲げる金額は、貸借対照表に記載がない場合であっても、課税時期において未払となっているものは、純資産価額計算上の負債として取り扱われます（財基通186）。

(1) 課税時期の属する事業年度に係る法人税額、消費税額、事業税額、道府県民税額及び市町村民税額のうち、その事業年度開始の日から課税時期までの期間に対応する金額（課税時期において未払いのものに限る。）

(2) 課税時期以前に賦課期日のあった固定資産税の税額のうち、課税時期において未払いの金額
(3) 被相続人の死亡により、相続人その他の者に支給することが確定した退職手当金、功労金その他これらに準ずる給与の金額

外国法人の場合であっても、上記 (1) 及び (2) に相当する現地国の未払税金、(3) の未払給与は負債として取り扱われます。米国の州税や中国の増値税といった海外特有の税金も負債として取り扱われます。また、貸借対照表に計上されていない負債であっても、課税時期において未払いとなっている確実と認められる債務があれば、これらも純資産価額計算上は負債として取り扱われます。

純資産価額方式による評価

Q1-16 外国法人の純資産価額計算上、含み益に対する法人税額等相当額の控除はできますか

ポイント

- 純資産価額計算上、外国法人株式についても、原則として法人税額等相当額の控除はできる
- 法人税額等相当額の率は国内法人と同様に37％を適用することが可能と考える
- 当該外国法人の所在する国において所得に対して課される税率の合計額が37％よりも高くなる場合には、現地の税率の合計額を利用することも可能と考える

【回答】

1 純資産価額算定上の法人税額等相当額の控除の概要

国内法人の純資産価額の算定は、財産評価基本通達に則って各資産を評価した価額の合計額から、課税時期における各負債の金額の合計額及び評価差額に対する法人税額等に相当する金額（以下、「法人税額等相当額」という。）を控除した金額を、課税時期の発行済株式総数で除して1株当たりの純資産価額を計算します（財基通185）。

この法人税額等相当額は、以下の通り計算します（財基通186-2）

①	時価純資産価額の算定 財産評価基本通達により評価した各資産の合計額から各負債の金額の合計額を控除した金額
②	簿価純資産価額の算定 ①の計算の基礎とした課税時期における各資産の帳簿価額の合計額※から各負債の金額の合計額を控除した額
③	法人税額等相当額の算定（①から②を控除した残額がある場合） (①－②)×37％

※　当該資産の中に現物出資、合併、株式交換、株式移転、株式交付により著しく低い価額で受入れた資産又は株式がある場合には、当該資産又は株式の受入時の財産評価基本通達による評価額から、当該受入れ資産又は株式の帳簿価額を控除した金額（現物出資等受入れ差額）を各資産の帳簿価額の合計額に加算します。ただし、現物出資等受入れ差額が相続税評価額による総資産価額の20％以下である場合には、加算する必要はありません。

2　外国法人株式に適用する法人税額等相当額の率

外国法人株式についても、原則として国内法人と同様に法人税額等相当額を控除することができます。この際に適用する法人税額等に相当する税率は、国内法人と同様に37％を適用することが可能と考えます。また、当該外国法人が所在する国の所得に対して課税される税の合計額が37％を超える場合には、当該税率を採用することも可能と考えます。

この場合、現地国における日本の法人税、事業税、道府県民税及び市町村民税に相当する税金の合計額に相当する税率を採用すべきことになりますので、例えば、中国の増値税のように、所得に対して課される税に該当しない租税は、この税率に含めることはできません。

なお、国内法人株式を評価する場合において、当該国内法人が有する外国法人株式の純資産価額の計算については法人税額等相当額の控除はできませんので留意が必要です（財基通186-3）。

【参考：各国の法人税額等相当額に相当する租税】

	米国			
国税	連邦税 21%			
法人住民税 法人事業税等	カリフォルニア州	ニューヨーク州	ハワイ州	テキサス州
	一律8.64%	州税：最高7.25% NY市税：8.85%	最高 6.4%	無し
合計税率	29.84%	37.10%	27.40%	21%

	中国	台湾	シンガポール	ベトナム	タイ
国税	企業所得税 25%	法人税 20%	法人税 17%	法人税 20%	法人税 20%
法人住民税 法人事業税等					
合計税率	25%	25%	17%	20%	20%

配当還元価額による評価

Q1-17 外国法人株式を配当還元価額で評価するケースを教えてください

ポイント

- ■　同族株主等に該当しない個人が相続、遺贈又は贈与（以下、「相続等」という。）により取得する外国法人株式の評価については、特例的評価方式である配当還元価額が採用できる
- ■　同族株主等に該当するかどうかは、その者の株式取得後の議決権の数を基礎に判定する
- ■　同族株主等の判定においては、当該外国法人の所在地国における同族株主等及び会社支配権の考え方について、検討が必要である

【回答】

1 少数株主の評価（特例的評価方式）

（1）少数株主の判定

同族株主等に該当しない個人が相続等により取得した株式については、原則的評価方式でなく、特例的評価方式が採用できます（財基通188）。この場合、同族株主等に該当するかどうかは、下記表区分に従い、同族株主以外の株主に該当するか、該当しない場合には、その者の株式取得後の議決権が5％未満かどうか、その者以外に中心的な同族株主(注1)又は中心的な株主(注2)がいるかどうか、その者が役員に該当するかどうかによって判定します。

【評価方式の判定チャート】

<table>
<tr><th colspan="5">株主の態様による区分</th><th rowspan="2">評価方式</th></tr>
<tr><th>会社区分</th><th colspan="4">株主区分</th></tr>
<tr><td rowspan="6">同族株主のいる会社</td><td rowspan="5">同族株主</td><td colspan="3">取得後の議決権割合5%以上</td><td rowspan="4">原則的評価方式</td></tr>
<tr><td rowspan="4">取得後の議決権割合5%未満</td><td colspan="2">中心的な同族株主がいない場合</td></tr>
<tr><td rowspan="3">中心的な同族株主がいる場合</td><td>中心的な同族株主</td></tr>
<tr><td>役員</td></tr>
<tr><td>その他</td><td rowspan="2">配当還元価額方式</td></tr>
<tr><td colspan="4">同族株主以外の株主</td></tr>
<tr><td rowspan="5">同族株主のいない会社</td><td rowspan="4">議決権割合の合計が15%以上のグループに属する株主</td><td colspan="3">取得後の議決権割合5%以上</td><td rowspan="3">原則的評価方式</td></tr>
<tr><td rowspan="3">取得後の議決権割合5%未満</td><td colspan="2">中心的な株主がいない場合</td></tr>
<tr><td rowspan="2">中心的な株主がいる場合</td><td>役員</td></tr>
<tr><td>その他</td><td rowspan="2">配当還元価額方式</td></tr>
<tr><td colspan="4">議決権割合の合計が15%未満のグループに属する株主</td></tr>
</table>

(注1) 中心的な同族株主とは、同族株主のうち1人並びにその株主の配偶者、直系血族、兄弟姉妹及び一親等の姻族（同族関係会社を含む。）の有する議決権の合計額がその会社の議決権総数の25%以上である場合の当該株主をいいます。

(注2) 中心的な株主とは、単独で10%以上の議決権を有する株主をいいます。

(2) 配当還元価額の評価方法

上記判定により、同族株主等に該当しない場合には、配当還元価額が採用できます（原則的評価方式による価額の方が低いときは原則的評価額となる。）。配当還元価額は、次のように計算します（財基通188-2）。

$$\text{1株当たりの配当還元価額} = \frac{\text{1株当たりの配当金}^{※}}{10\%} \times \frac{\text{1株当たりの資本金等の額}}{50\text{円}}$$

※　直前期末及び直前々期末における1株当たりの配当金額の平均値（最低2.5円）

2 外国法人株式の配当還元価額の採用可否及び留意点

外国法人株式の評価においても、当該株式を相続等により取得した者が同族株主等に該当しない少数株主である場合には、原則として、配当還元方式を採用できるものと考えます。

ただし、同族株主等に該当しないかどうか、少数株主と判断できるかどうかについては、現地国の法令や当該外国法人の定款等を検討する必要があります。現地国の法令や定款等により、特別な権利が付与されるような株式については、少数株主に該当する場合であっても、配当還元方式を適用できないケースも考えられます。すなわち、当該外国法人株式の権利の内容が、特例的な評価方法として設けられた配当還元方式の趣旨に合致するかどうかを検証した上で、判断する必要があると考えます。

精通者意見価額による評価

Q1-18 外国法人株式を精通者意見価額で評価する場合の留意点を教えてください

ポイント

- ■ 原則として、外国法人株式の相続税評価額は、財産評価基本通達（以下、「同通達」という。）に則って評価する
- ■ 同通達によって評価できない場合には、精通者意見価額等を参酌して評価する
- ■ 精通者意見価額が、同通達に則って評価した価額と比して乖離が大きい場合には、慎重な検討を要する。特に、DCF（ディスカウントキャッシュフロー）法等で評価することによって純資産価額を下回る評価となる場合には、基本的に採用は困難と考える

【回答】

1 相続税法及び財産評価基本通達における時価の考え

相続税法第22条において、財産の価額は時価によると定めています。また、同通達1では「この通達の定めによって評価した価額」を時価と定めています。つまり、課税当局は、原則として財産評価基本通達で評価した価額を時価と定めて、相続税の課税執行を行います。

同通達5-2（国外財産の評価）において、国外にある財産についてもこの通達に定める評価方法で評価する旨、及びこの通達によって評価することが出来ない財産については、この通達に定める評価方法に準じて、

又は売買実例価額、精通者意見価格等を参酌して評価することを定めています。

上記に加えて、外国法人株式の評価について、国税庁質疑応答事例「国外財産の評価－取引相場のない株式の場合（1）」においては、類似業種比準価額方式での評価はできない旨、及び純資産価額に準じて評価することは可能である旨が記載されています。したがって、外国法人株式の評価について、課税当局は、原則として純資産価額方式で計算した価額を時価と想定していることになります。

2 外国法人株式の売買実例、精通者意見価額の適用可否

同通達において、例えば、従業員数が70人以上であるなど、会社規模が大会社の区分に該当する場合、原則的評価方式は、類似業種比準価額方式によることとされており、納税者の選択により純資産価額での評価も可能となっています（財基通178、179）。上場会社に近い大会社の株式は、上場会社の株価と均衡を図るのが合理的とする考え方です。

一方、同通達上、大会社に該当する外国法人について、株式を純資産価額以外の方法で評価できないのは、同通達5-2の「この通達の定めによって評価することができない場合」に該当するとも考えられます。そのため、適正な売買実例がある場合には当該価額を、又は、精通者意見価格での評価を検討する余地があります。ただし、採用できるかどうかは慎重な検討が必要です。

例えば、中国においては、精通者意見価額として資産評価士が、資産評価法に基づいて未上場会社の株式を評価します。この際の評価金額は、時価純資産法と類似会社法、DCF法などの評価方法により算定されます。仮に当該精通者意見価額としてDCF法を採用した評価額が、時価純資資価額を大きく下回るような場合には、これを税務上、適正な時価であると主張するのは困難と考えます。

個人株主が同族会社に外国法人株式を譲渡する場合の評価について教えてください（所基通59-6）

ポイント

- 個人が同族会社に株式を譲渡する場合には、相続税評価額ではなく、所得税法上の時価が税務上あるべき時価となる
- 所得税基本通達では、未上場会社株式の評価方法について、公開途上にある株式を除き、適正な売買実例価額、類似会社比準価額、又は純資産価額等を参酌した価額とする旨、及び純資産価額等を参酌した価額として条件付きで財産評価基本通達を準用できる旨が定められている
- 外国法人株式について、財産評価基本通達を準用して評価する場合には、原則として類似業種比準価額を採用出来ないことから、純資産価額で評価する
- 精通者意見価格等がある場合には、その採用の要否も検討すべきである

1．所得税法上の時価（所基通59-6）について

(1) 所得税基本通達59-6の概要

個人株主が所有する未上場株式を同族会社に売却する場合、当該株式の価額は、相続税評価額ではなく、所得税法上の時価が税務上あるべき時価となり、具体的には次のように定められています（所法59①、所基通59-6、財基通23～35共-9）。なお、公開途上にある株式は、売買実例があるものを除き、公募価格等を参酌して評価することとされています。

譲渡する株式が外国法人株式であっても、所得税法上の時価の考え方は同じです。

①	売買実例価額 最近において売買の行われたもののうち適正と認められる価額
②	類似会社比準価額 ①に該当しない株式で、その法人と事業の種類、規模、収益の状況等が類似する他の法人の株式の価額があるもの：当該価額に比準して推定した価額
③	純資産価額等を参酌した価額 ①、②に該当しない株式：その発行法人の1株当たりの純資産価額等を参酌して通常取引されると認められる価額

(2) 外国法人株式における純資産価額等を参酌して評価する価額とは

純資産価額等を参酌した評価となる場合、次によることを条件に財産評価基本通達を準用して評価することができます（所基通59-6)。そのため、国内法人株式の場合には、類似業種比準価額も採用することが可能です(譲渡した個人が譲渡直前に中心的同族株主に該当する場合には、小会社として評価し、純資産価額も加味する必要がある。)。

【財産評価基本通達を準用する条件】

①	同族株主等に該当するかどうかの判定は、当該譲渡の直前の議決権の数によること
②	譲渡した個人株主が中心的な同族株主(注)に該当するときは、財産評価基本通達上の「小会社」に該当するものとして計算すること
③	純資産価額の計算上、土地（土地の上に存する権利を含む。）又は上場有価証券を有しているときは、これらの資産は時価によること
④	純資産価額の計算上、評価差額に対する法人税額等に相当する金額は控除しないこと
(注)　中心的な同族株主とは、同族株主のうち1人並びにその株主の配偶者、直系血族、兄弟姉妹及び一親等の姻族（同族関係会社を含む）の有する議決権の合計額がその会社の議決権総数の25％以上である場合の当該株主をいいます。	

一方、外国法人株式の評価は原則として類似業種比準価額の採用ができないため、上記①により同族株主に該当する場合には、純資産価額で評価することになります。そのため、上記②の条件は影響がなく、③及び④の条件を踏まえて純資産価額を計算することになります。

2．外国法人株式の所得税法上の時価における精通者意見価額の採用可否

相続税評価額は、その時価の客観性や課税の公平性、評価の安全性等の観点から、評価方法について財産評価基本通達において明確に定められています。一方、所得税法上の時価は、上記の通り原則として「適正な売買実例価格」、次いでに「類似会社比準価額」によることとされ、これらに該当しない場合にはじめて「純資産価額等を参酌した価額」とされており、相続税より所得税の方が、適正な時価のレンジが広いことがわかります。外国法人株式についても、上記と同様に時価を判断すべきことになります。これらの評価との比較において、合理性が認められる場合には、精通者意見価額による評価も認められると考えます。ただし、当該精通者意見価額がDCF法等を採用したものであり、純資産価額を大きく下回るような場合には、これを適正な時価であると主張することは難しいと考えます。

第2章

外国子会社・関係会社を有する国内法人株式の相続税評価

外国子会社・関係会社を有する国内法人株式の類似業種比準価額

Q2-1 国内法人株式を類似業種比準価額方式で評価する場合に、外国子会社・関係会社株式の評価は必要ですか

ポイント

- 外国子会社・関係会社株式の評価は不要
- 外国子会社等から配当等を受ける場合、類似業種比準価額の上昇要因となる可能性あり

【回答】

1 国内法人株式（本書では「取引相場のない株式」に限る。以下、同じ。）の相続税評価

国内法人株式の相続税評価額は、原則として、評価会社の総資産価額、取引金額、従業員数に基づき会社規模を判定（財基通178）し、判定された区分に応じて、類似業種比準価額方式、純資産価額方式、あるいはこれらを併用して評価を行います（財基通179）。

類似業種比準価額方式については、下記の計算式に基づいて評価します（財基通180）。

◎類似業種比準価額の計算式

$$\text{1株当たりの類似業種比準価額} = A \times \left[\frac{\frac{Ⓑ}{B} + \frac{Ⓒ}{C} + \frac{Ⓓ}{D}}{3} \right] \times \text{斟酌率} \times \frac{\text{1株当たりの資本金等の額}}{\text{50円}}$$

A＝類似業種の株価

B＝課税時期の属する年分の類似業種の1株当たりの配当金額
Ⓑ＝評価会社の直前期末及び直前々期末における1株当たりの配当金額の平均値
C＝課税時期の属する年分の類似業種の1株当たりの年利益金額
Ⓒ＝評価会社の直前期末以前1年間又は2年間の年平均における1株当たりの利益金額（法人税の課税所得を基礎とした金額）のいずれか低い金額
D＝課税時期の属する年分の類似業種の1株当たりの簿価純資産価額
Ⓓ＝評価会社の直前期末における1株当たりの簿価純資産価額

2　類似業種比準価額方式

類似業種比準価額方式とは、評価会社の業種目と類似する上場会社株価（国税庁が定期的に公表）を基に、基本的な株価構成要素と考えられる配当金額、利益金額及び純資産価額の3つの観点から比準計算して評価する方法をいいます。

配当金額及び利益金額は直前期末（あるいは直前々期末）における評価会社の剰余金の配当実績や法人税法上の所得金額に基づき計算します。なお、ここでの純資産価額とは直前期末における資本金等の額及び利益積立金額の合計額（財基通183）をいい、一般的に、法人税申告書別表五（一）「利益積立金額及び資本金等の額の計算に関する明細書」の「差引翌期首現在資本金等の額の差引合計額」及び「差引翌期首現在利益積立金額の差引合計額」の合計として計算されます。

したがって、外国子会社・関係会社株式の評価額が影響する計算要素はないため、類似業種比準価額方式で評価する場合には、外国子会社・関係会社株式を評価する必要はありません。

3　外国子会社等から受ける剰余金の配当等がある場合

計算要素の1つである利益金額を計算する際に、外国子会社等から受ける剰余金の配当等がある場合は注意が必要です。

国内法人が一定の外国子会社等（外国法人の発行済株式等のうち、国内法人が保有する株式等の割合（あるいは議決権割合）が原則として25%以上であり、かつ、剰余金の配当等の支払い義務が確定する日以前6か月以上継続保有する場合の当該外国法人（法令22の4））から配当等を受ける場合に、所得金額の計算上、法人税法第23条の2第1項（外国子会社から受ける配当等の益金不算入）の適用により配当等の95%相当額が益金不算入となります。

上記の外国子会社等から受ける剰余金の配当等の額については、その評価会社の「1株当たりの年利益金額」の計算上、当該規定の適用による益金不算入相当額を加算します。したがって、外国子会社等からの配当等は「年利益金額」を押し上げ、類似業種比準価額が上昇する要因になる点に留意が必要です。

外国子会社を有する国内法人株式の純資産価額

Q2-2 国内法人株式を純資産価額方式で評価する場合に、外国子会社株式の評価は必要ですか

ポイント

■　外国子会社株式の評価が必要

■　邦貨換算は原則として、課税時期における「対顧客直物電信買相場（TTB)」を採用

【回答】

1 純資産価額方式

純資産価額方式とは、課税時期における各資産及び各負債を財産評価基本通達（以下、「同通達」という。）に定める方法により評価した価額に基づいて計算する方法をいいます。

◎純資産価額の計算式

A＝課税時期における各資産の合計額－課税時期における各負債の合計額－評価差額に対する法人税額等相当額

1株当たりの純資産価額＝A÷課税時期における発行済株式数（自己株式除く）

（注1）　Aの計算結果がマイナスの場合にはゼロとなります。

課税時期における各資産のうちに外国子会社株式を有する場合には、同通達に定める方法により評価します（財基通5-2)。具体的には、外国子会社株式は純資産価額方式により評価し、評価差額に対する法人税

額等相当額は控除しません（財基通186-2、186-3）。また、売買実例価額、精通者意見等を参酌して評価することもできます。

2 邦貨換算時に採用する為替相場

評価会社が保有する資産のうちに外貨建て資産及び国外財産がある場合には、原則として、取引金融機関が公表する課税時期における最終の「対顧客直物電信買相場（TTB）」により邦貨換算して評価します。また、外貨建てによる債務がある場合には「対顧客直物電信売相場（TTS）」により邦貨換算します（財基通4-3）。

外国子会社株式は国外財産に該当するため邦貨換算して評価を行います。純資産価額方式にて評価する場合には、原則として外国子会社株式の「1株当たりの純資産価額」を計算した後、「対顧客直物電信買相場（TTB）」を用いて邦貨換算することになります(※)。

なお、課税時期に当該相場がない場合には、課税時期前の当該相場のうち、課税時期に最も近い日の当該相場とします。

(※)　外国子会社が有する資産及び負債が2か国以上に所在しているなどの場合には、資産については「対顧客直物電信買相場（TTB）」により、負債については「対顧客直物電信売相場（TTS）」によりそれぞれ邦貨換算した上で「1株当たり純資産価額」を計算することもできます。

一口メモ

課税時期における外国子会社の決算書類

国内法人株式を評価する場合、原則的には課税時期において仮決算を行い資産・負債を明確にするべきですが、実務上は納税義務者の便宜を図り、一般的に課税時期の直前期末における決算書類に基づいて行うことになります。

外国子会社株式についても同様の考えの下、課税時期の直前期末における決算書類に基づいて評価を行います。その場合、外国子会社の決算書類については、現地の税務当局による承認等の関係で、課税時期に直前期末の決算書類がすぐに取得できないケースが考えられます。外国子会社株式の株価算定が必要であると見込まれる場合には、外国子会社から必要な書類を円滑に取得できるよう、事前に連携を取っておくことが肝要です。

外国子会社・関係会社を有する国内法人株式の配当還元価額

Q2-3 国内法人株式を配当還元方式で評価する場合に、外国子会社・関係会社株式の評価は必要ですか

ポイント

■ 外国子会社・関係会社株式の評価は不要

【回答】

1 国内法人株式の相続税評価

国内法人株式の原則的評価方式については前述（**Q2**-1、**Q2**-2）の通りですが、同族株主等以外の株主のようにいわゆる少数株主等に該当する場合には、特例的評価方式（以下、「配当還元方式」という。）により評価します。

配当還元方式は、下記の計算式に基づいて算定します（財基通188-2）。

◎配当還元価額の計算式

$$\frac{\text{その株式に係る年配当金額}^{(※1)}}{10\%} \times \frac{\text{その株式の1株当たりの資本金等の額}}{50\text{円}}$$

（※1） 直前期末以前2年間の平均配当金額÷1株当たりの資本金等の額を50円とした場合の発行済株式数（2円50銭未満の場合は、2円50銭とする。）

（※2） 特例的評価方式による評価額より原則的評価方式による評価額の方が低い場合には、原則的評価方式による評価額になります。

2 配当還元方式

少数株主のように、株式を保有していたとしても会社の意思決定にはほとんど関与できず、もっぱら配当を受け取ることのみがメリットであると考えられる場合､配当を受け取る権利に着目して株式を評価します。このような評価方法を配当還元方式といいます。

配当還元方式により算定される配当還元価額は、評価会社が行った配当実績に基づいて評価をするため、外国子会社・関係会社株式の評価は必要ありません。

株式等保有特定会社の取扱い

Q2-4 国内法人株式を評価する場合に、株式等保有特定会社の取扱いはどのようになりますか

ポイント

- ■ 株式等保有特定会社の判定のため、外国子会社・関係会社株式の評価が必要
- ■ 外国子会社・関係会社株式は株式等保有特定会社の判定の基礎となる株式等に該当
- ■ 株式等保有特定会社に該当する場合、国内法人株式は原則として純資産価額方式により評価

【回答】

1 株式等保有特定会社とは

評価会社が資産保有状況、営業状況等から特別な事情をもつものと判断される場合には、その事情に応じて評価方法を定めています。特別な事情を持つ評価会社をそれぞれの状況により、①比準要素数1の会社、②株式等保有特定会社、③土地保有特定会社、④開業後3年未満又は比準要素数0の会社、⑤開業前又は休業中の会社、⑥清算中の会社という6つの区分に分類して評価します（財基通189）。

株式等保有特定会社とは、課税時期における評価会社の有する各資産を財産評価基本通達に定めるところにより評価した価額（相続税評価額）の合計額のうち、株式、出資及び新株予約権付社債（以下、「株式等」

という。）の価額（相続税評価額）の合計額が占める割合（以下、「株式等保有割合」という。）が50％以上の会社をいいます（上記③～⑥に該当しない場合に限る。）。

対象となる株式等の範囲に国内外の制約はないため外国子会社・関係会社株式も判定の基礎となる株式等に含まれます。

$$\text{株式等保有割合}=\frac{\text{株式等（外国子会社・関係会社株式を含む）の価額の合計額（相続税評価額）}}{\text{評価会社の有する各資産の価額の合計額（相続税評価額）}}$$

＜株式等保有特定会社の判定＞

会社規模	大会社	中会社	小会社
株式等保有割合	50％以上		

｝株式等保有特定会社

なお、課税時期前において合理的な理由もなく評価会社の資産構成に変動があり、その変動が株式等保有特定会社と判定されることを免れるためのものと認められるときは、その変動はなかったものとして判定を行います（財基通189なお書）。「課税時期前」とはいつのことを指し、「合理的な理由」とはなにかという点については明確な規定はありませんが、実務上は、経営上の必要性を考慮し、慎重な判断が求められるものと考えられます。

2　株式等保有特定会社の評価方法

国内法人が株式等保有特定会社に該当する場合、その株式は原則として純資産価額方式により評価します。

株式等保有特定会社とは、類似業種比準価額方式における標本会社（上場会社）と資産保有状況を比較して著しく株式等に偏っている会社を指すため、標本会社の株価に比準計算する類似業種比準価額方式を採用することは適当であるとはいえず、このような取扱いになっています。

国内法人株式を特例的評価方式で評価する場合

同族株主等以外の株主のようにいわゆる少数株主等に該当する場合については特例的評価方式により評価することは前述（**Q2**-3参照）の通りです。それでは、株式等保有特定会社に該当する国内法人株式を特例的評価方式で評価できる状況である場合にはどのように評価すればよいでしょうか。このような場合には、特例的評価方式である配当還元方式により評価することになります。

Q2-3で確認した通り、同族株主等以外の株主は株式を保有しても会社の意思決定に参加できる訳ではなく、もっぱら配当を受け取ることのみが株式を保有するメリットと考えられるため、配当を受け取る権利に着目した配当還元方式により株式を評価します。したがって、この場合には外国子会社・関係会社株式を評価する必要はありません。

国内法人株式を評価する場合に、海外不動産を保有している時の土地保有特定会社の取扱いはどのようになりますか

Q2-4で確認した通り、評価会社が資産保有状況、営業状況等から特別な事情を持つものと判断される場合には、その事情に応じて評価方法を定めています。課税時期における評価会社の総資産に占める土地及び土地の上に存する権利（以下、「土地等」という。）の割合（以下、「土地保有割合」という。）がその会社の規模に応じて一定割合以上である場合（下記参照）には土地保有特定会社に分類して評価します（財基通189。**Q2-4**④～⑥に該当しない場合に限る。）。

土地保有割合の判定の基礎となる土地等は、所有目的や所有期間にかかわらず評価会社が所有する全ての土地等を対象とします。具体的には事業の用に供する土地だけでなく販売目的で所有する土地（たな卸資産）を含み、また、国内所在の土地だけでなく海外不動産も含みます。土地保有割合の算定においては、課税時期における評価会社の有する土地等を含む各資産を財産評価基本通達（以下、「同通達」という。）に定めるところにより評価（相続税評価）します。

$$\text{土地保有割合}=\frac{\text{土地等（海外不動産を含む）の価額の合計額（相続税評価額）}}{\text{評価会社の有する各資産の価額の合計額（相続税評価額）}}$$

＜土地保有特定会社の判定＞

会社規模	大会社			中会社			
		小会社			小会社		
総資産価額基準（帳簿価額）		卸売業	卸売業以外		卸売業	小売・サービス業	卸売業、小売・サービス業以外
		20億円以上	15億円以上		7,000万以上20億円未満	4,000万以上15億円未満	5,000万以上15億円未満
土地保有割合	70%以上			90%以上			
（※）小会社のみ、総資産価額（帳簿価額）に応じて判定の割合が変わります。							

｝土地保有特定会社

ところで、国内の土地等であればその状況に応じて各種評価方法が定められています（財基通4-2、7～87-7）。一方で、海外不動産を評価する場合には、路線価方式、倍率方式といった国内の土地等に対する評価方法を適用することはできません。国外財産の評価については、同通達に定める評価方法に準じて、又は売買実例価額、精通者意見価格等を参酌して評価することになります。実務上は、不動産の所在地国にて現地専門家へ不動産鑑定評価を依頼することになることが多く、評価に当たっては現地専門家への手数料等が生じることを考慮して国内法人株式評価を進める必要がある点に留意する必要があります。

国内法人が土地保有特定会社に該当する場合、その株式は純資産価額方式により評価することになります。

土地保有特定会社とは、類似業種比準価額方式における標本会社（上場会社）と資産保有状況を比較して著しく土地等に偏っている会社を指すため、一般の評価会社と同様に類似業種比準価額方式を適用することは適切な評価とはいえないと考えられます。したがって、一般の評価会社とは区別して、株価に資産保有状況を適切に反映させるため純資産価額方式によることとしています。

なお、同族株主等以外の株主が保有する国内法人株式を特例的評価方式により評価する場合には純資産価額を算定しないため、海外不動産を評価する必要はありません。

S1＋S2方式

Q2-5 株式等保有特定会社に該当する国内法人株式を評価する場合に、S1＋S2方式の取扱いはどのようになりますか

ポイント

■　株式等保有特定会社に該当する国内法人株式は純資産価額方式に代えて「S1＋S2方式」により評価することも可能

■　株式等保有特定会社の判定、純資産価額方式、S1＋S2方式のいずれにおいても、外国子会社・関係会社株式の評価が必要

【回答】

1 S1＋S2方式とは

株式等保有特定会社に該当する国内法人株式は、原則として純資産価額で評価しますが、納税義務者の選択によりS1＋S2方式で評価することもできます（**Q2-4**参照、財基通189-3）。資産保有状況が株式等に偏っている会社であっても事業を行う会社にあっては、その事業価値を株価に反映させるよう考慮された評価方法です。

S1＋S2方式は、対象会社の株式評価額を、①保有株式等の価額を除いた本業部分（S1）と、②保有株式等の価額（S2）に区分して計算する方法です。S1部分は、対象会社が保有する株式等及び当該株式等に係る配当等がないものと仮定して、一般の評価会社と同様に原則的評価方式により計算します。S2部分は、対象会社が株式等のみを保有する

ものと仮定して純資産価額方式により計算します。S1部分とS2部分を合計した金額が対象会社の株式評価額となります。

【S1＋S2方式のイメージ図】

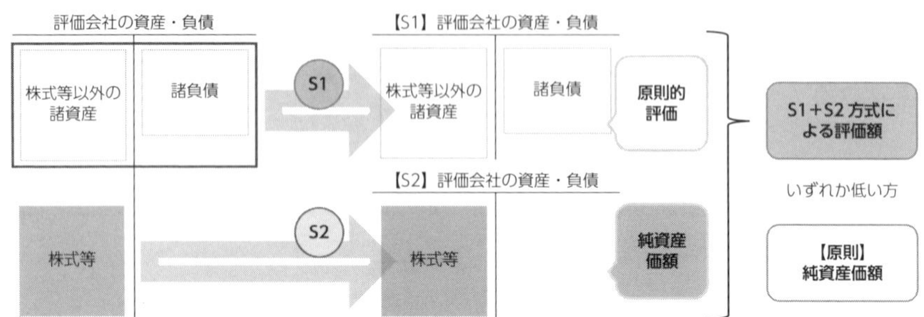

2 S1の金額について

S1の金額は、評価会社が保有する株式等及び当該株式等に係る受取配当金等がないものと仮定して修正類似業種比準価額、修正純資産価額を算定し、これらを用いて原則的評価方式により計算します。したがって、会社規模に応じ、修正類似業種比準価額方式、修正純資産価額方式又はこれらの併用方式で評価されることになります。

なお、評価会社の会社規模の判定については株式等の帳簿価額を控除するような調整は行わず、一般の評価会社と同様に判定します。

<1株当たりの修正純資産価額の計算方法>

修正純資産価額は、純資産価額の計算上、各資産の相続税評価額及び帳簿価額から株式等を除いて計算します。

外国子会社・関係会社株式は株式等に該当するため、これらも除外して計算することになります。

<1株当たりの修正類似業種比準価額の計算方法>

$$\text{1株当たりの修正類似業種比準価額} = A \times \left[\frac{\frac{Ⓑ-ⓑ}{B} + \frac{Ⓒ-ⓒ}{C} + \frac{Ⓓ-ⓓ}{D}}{3} \right] \times \text{斟酌率} \times \frac{\text{1株当たりの資本金等の額}}{\text{50円}}$$

A＝類似業種の株価
B＝課税時期の属する年分の類似業種の1株当たりの配当金額
Ⓑ＝評価会社の直前期末及び直前々期末における1株当たりの配当金額の平均値
ⓑ＝Ⓑ×「受取配当金等収受割合(※1)」
C＝課税時期の属する年分の類似業種の1株当たりの年利益金額
Ⓒ＝評価会社の直前期末以前1年間又は2年間の年平均における1株当たりの利益金額（法人税の課税所得を基礎とした金額）のいずれか低い金額
ⓒ＝Ⓒ×「受取配当金等収受割合(※1)」
D＝課税時期の属する年分の類似業種の1株当たりの簿価純資産価額
Ⓓ＝評価会社の直前期末における1株当たりの簿価純資産価額
ⓓ＝①＋②（ただし、Ⓓを限度とする。）
①＝Ⓓ×{評価会社の保有する株式等の価額（帳簿価額）÷評価会社の総資産価額（帳簿価額）}
②＝{直前期末における利益積立金額（負数である場合はゼロとする。）÷直前期末における発行済株式数（50円換算）}×「受取配当金等収受割合(※1)」

（※1）　受取配当金等収受割合とは、以下の算式により計算する割合をいいます。

算式における受取配当金等とは、法人から受ける剰余金の配当（株式又は出資に係るものに限るものとし、資本金等の減少によるものを除く。）、利益の配当、剰余金の分配（出資に係るものに限る。）及び新株予約権付社債に係る利息の合計額です。

$$\frac{\text{直前期末以前2年間の受取配当金等の合計額}}{\text{直前期末以前2年間の受取配当金等の合計額}+\text{直前期末以前2年間の営業利益の金額の合計額}}$$

［1を限度とする。小数点以下3位未満切捨て。］

3　S2の金額について

S2の金額は、評価会社保有の株式等のみを保有資産であると仮定し、純資産価額方式に準じて計算した金額をいいます。株式等の相続税評価額から帳簿価額を控除して残額がある場合には、その残額（評価差額）に対する法人税等相当額を株式等の評価額合計額から控除して、課税時期における評価会社の発行済株式数（自己株式を除く。）で除して計算します。

S2の金額を計算するためには、外国子会社・関係会社株式を評価する必要があります。

一口メモ

純資産価額の80%評価

純資産価額方式の適用については、株式の取得者とその同族関係者の有する議決権の合計数が評価会社の議決権総数の50%以下である場合、純資産価額方式により計算した1株当たりの純資産価額に100分の80を乗じた金額（以下、「80%評価」という。）とする旨の規定があります（財基通185但し書)。

株式等保有特定会社に該当する内国法人株式を評価する場合、原則である純資産価額方式による評価については80%評価の規定を適用することができますが、S1+S2方式の計算においては80%評価を適用することはできないため注意が必要です。

外国子会社からの配当の影響

Q2-6 外国子会社より配当を受けた場合の国内法人株式の評価への影響を教えてください

ポイント

- ■　外国子会社より配当を受けることで国内法人の類似業種比準価額、純資産価額に影響
- ■　外国子会社が配当を支払うことで外国子会社株式の評価額が減少
- ■　株式等保有特定会社の判定に影響を及ぼす場合あり

【回答】

1 外国子会社の配当等による株価評価への影響

外国子会社より配当を受けた場合、国内法人株式及び外国子会社株式の評価額に影響が生じます。

（類似業種比準価額の観点）

Q2-1の通り、外国子会社からの配当は法人税の課税所得上益金不算入であっても、株価算定上は加算調整し、対応する源泉所得税額を減算調整するため、結果として1株当たりの年利益金額は増加します。

（純資産価額の観点）

国内法人では配当を受けるため現預金等の資産が増加します。一方で、外国子会社では配当をした分の純資産が減少するため、国内法人が有する外国子会社株式の評価額は減少するものと考えられます。

（株式等保有割合の観点）

上記の通り、外国子会社株式の評価額が減少することで株式等保有特定会社の判定の基準となる株式等保有割合の算定（**Q2**-4参照）にも影響を及ぼします。一般的には、株式等である外国子会社株式の評価額が減少するため株式等保有割合も減少します。

外国子会社を有する国内法人株式の評価への影響については下記の設例で確認します。

【設例】

A社：日本法人、B社設立時より100％B社株式保有（出資額5,000）

B社：b国法人

各社の貸借対照表（帳簿価額及び相続税評価額）は下記の通り。

【A社の貸借対照表】	帳簿価額	相続税評価額
現預金	1,000	1,000
株式等（外国子会社株式のみ）	5,000	10,000
現預金、株式等以外の諸資産	7,000	7,000
総資産	13,000	18,000

【B社の貸借対照表】	帳簿価額	相続税評価額
現預金	4,000	4,000
現預金以外の諸資産	6,000	6,000
純資産価額	10,000	10,000

前提事項（設例の簡略化のため）

・B社の貸借対照表は円換算済の金額で表記しています。

・配当額をそのままA社の現預金の増加額とし、B社の純資産価額の減少額とします。

(1) 現状、(2) B社より配当（現預金2,000）した場合で、A社株式（国内法人株式）の評価への影響について確認します。なお、本設例では同族株主等が保有するA社株式について検討します。

(1) 現状

A社の貸借対照表より、

株式等の相続税評価額＝10,000

総資産の相続税評価額＝18,000

株式等保有割合＝55.55%（＝10,000／18,000）≧50%

∴A社は株式等保有特定会社に該当するため、原則、純資産価額方式により評価します。

(2) B社より配当（現預金2,000）した場合

≪配当による貸借対照表の変化イメージ≫

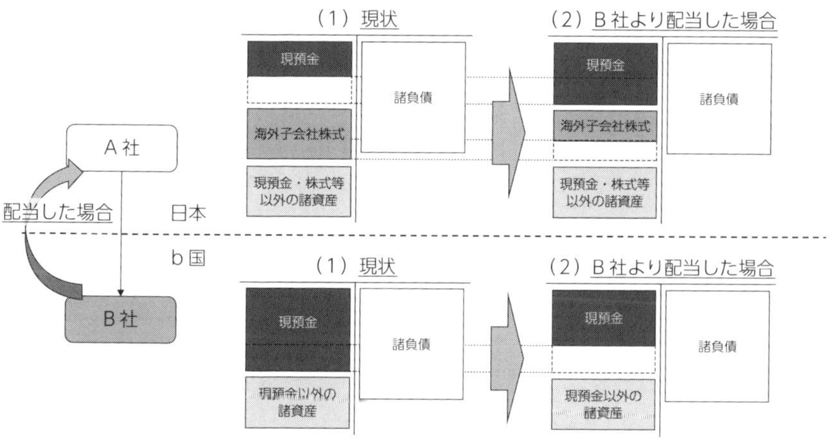

B社より現預金2,000の配当を行うことで、A社、B社の貸借対照表は下記の通りになります。

【A社の貸借対照表】	帳簿価額	相続税評価額
現預金	3,000	3,000
株式等（海外子会社株式のみ）	5,000	8,000
現預金、株式等以外の諸資産	7,000	7,000
総資産	15,000	18,000

【B社の貸借対照表】	帳簿価額	相続税評価額
現預金	2,000	2,000
現預金以外の諸資産	6,000	6,000
純資産価額	8,000	8,000

（注）　四角の枠で囲っている箇所が、（1）現状から金額が動いた項目になります。

A社の貸借対照表より、

株式等の相続税評価額＝8,000

総資産の相続税評価額＝18,000

株式等保有割合＝44.44%（＝8,000 ／ 18,000）＜50%

∴A社は株式等保有特定会社に該当しないため、原則的評価方式により評価します。

2 留意点

1【設例】で確認した通り、外国子会社が配当を行うことで、国内法人株式は株式等保有特定会社から外れることがあります。このように資産構成を組み替えて株式等保有特定会社を外す行為を実務上では「株特外し」とよび、その変動に合理的な理由がない場合には、税務上否認されるリスクがあることに留意する必要があります（財基通189なお書）。

第3章

海外が関係する場合の事業承継税制

海外と事業承継税制の概要

Q3-1 事業承継税制の適用上、海外が関係する場合の留意点（概要）について教えてください

ポイント

■ 事業承継税制は、国内雇用の確保や地域経済活力の維持等を政策目的としていることから、国内の中小企業を対象とし、外国法人は対象外とされている（**Q3**-2参照）

■ 外国法人は対象外だが、国内の会社が外国法人を子会社化している場合は、国内に5人以上の雇用を確保することで、事業承継税制を適用できる（**Q3**-4参照）

■ 国内の会社が外国法人を子会社化している場合は、当該外国子会社等の株式等の価額相当は、納税猶予額の算定上、除外される（**Q3**-7、**Q3**-9参照）

■ 経営者や株主の国籍や居住地は問われていないため、外国籍や外国居住者でも事業承継税制の適用を受けられる（**Q3**-5参照）

【回答】

1 事業承継税制の政策目的と外国法人の取扱い

事業承継税制とは、後継者への自社株式の承継時に生じる贈与税・相続税を猶予し、一定の要件を満たした場合には、免除を受けられる特例制度をいいます（措法70の7～7の8）。

この事業承継税制は、中小企業の円滑な事業承継を通じた国内雇用の

確保や地域経済活力の維持を図ることを政策目的として創設されているため、適用対象を国内法人に限定し、外国法人（外国の法令に準拠して設立された法人その他の外国の団体であって、会社と同種のもの又は会社に類似するものをいう。以下、**Q3**において同じ。）は対象外とされています（**Q3-2**参照）。

2 国内の中小企業が外国子会社等を有する場合

国内の中小企業が海外に進出し、外国子会社等を有する場合もありますが、国内における雇用を確保しつつ、海外でも活躍する中小企業もある中で、このような会社を（外国子会社等を有しているからといって）一律に事業承継税制の対象外とすることは､適当でないと考えられます。

他方で、外国子会社等そのものは、国内雇用に直接貢献しないことから、国内の会社の株価に包含される外国子会社等の株式等の価額相当についてまで事業承継税制を適用することは、適当ではないとも考えられます。

そこで、国内の会社が外国子会社等を有する場合には、(1) 雇用確保要件を通常よりも加重（通常は1人以上のところ、5人以上必要）した上で（**Q3-4**参照）、(2) 納税猶予税額の計算においては、外国子会社等の株式等の価額相当を除外して算定することとされました（**Q3-7**、**Q3-9**参照）。

なお、外国子会社等が上場（外国市場における上場を含む。）している場合や、風俗営業会社（風俗営業等の規制及び業務の適正化等に関する法律第2条第5項に定める「性風俗関連特殊営業」に該当する事業を行う会社をいう。以下、**Q3**において同じ。）に該当する場合は、事業承継税制を適用することはできません。

3 株主や経営者が外国籍や外国居住者である場合

国内の中小企業の経営者や株主が外国籍や外国居住者であることも考えられますが、経営者等が外国籍等であっても、国内雇用を確保しつつ、地域経済の活力維持に貢献しています。このため、事業承継税制では、株主や経営者が外国籍や外国居住者であったとしても、適用を受けることができます（**Q3**-5参照）。

4 納税猶予中（事業承継税制の適用中）に海外進出した場合

納税猶予中（事業承継税制の適用中）に海外進出することも考えられますが、海外進出を事由として納税猶予を取り消す場合、当該規制が企業の自由な経済活動や成長の阻害要因となり得ます。また、国内における雇用を確保しつつ、海外へ進出し、成長する会社もあることから、海外進出を一律に納税猶予の取消事由とすることは、適当でないと考えられます。

このため、納税猶予中（事業承継税制の適用中）に納税猶予の対象となっている会社（以下、**Q3**において「対象会社」という。）が海外へ進出した場合においても、納税猶予期限が確定されることはありません（**Q3**-11参照）。

なお、贈与税の納税猶予中に贈与者（先代経営者等）の相続が発生した場合において、一定の要件（切替確認時の要件）を満たすときは、相続税の納税猶予に切り替え、猶予を継続することができます。しかし、当該相続の開始の時において、対象会社が外国子会社等を有する場合には、切替確認時の雇用確保要件が通常よりも加重（通常は1人以上のところ、5人以上必要）されます。

さらに、この場合には、当該外国子会社等の株式等の価額相当は、相続税の納税猶予税額の算定上除外（調整計算）されます。すなわち、贈与承継で事業承継税制の適用を受け、（贈与者の）相続開始前に外国子会社等を有した場合には、（贈与税の納税猶予税額では調整計算がありませんが）当該相続に係る相続税の納税猶予税額の算定上においては、外国子会社等の株式等の価額相当が調整計算により除外されることとなります（**Q3**-9参照）。

外国法人と事業承継税制の適用対象

Q3-2 外国法人でも事業承継税制を適用できますか

ポイント

■ 外国法人は「中小企業の経営の承継の円滑化に関する法律（以下、**Q3**において「円滑化法」という。）」の認定を受けられないため、事業承継税制の適用も受けられない

【回答】

事業承継税制は、中小企業の円滑な事業承継を通じた国内雇用の確保や地域経済活力の維持を図ることを政策目的とし、税制支援の必要性がある中小企業を、円滑化法に定める一定の要件の下、経済産業大臣が認定（2017年4月以降は、都道府知事が認定）する仕組みとなっています（円滑化法12①一）。

当該認定を受けられる中小企業は、円滑化法が定める「中小企業者」に限られており、業種に応じた一定の資本金基準又は従業員数基準を満たす「会社及び個人」が中小企業者に該当します（円滑化法2各号）。この中小企業者に該当する「会社」の定義について、円滑化法では、中小企業基本法の解釈を援用し、会社法第2条第1号に規定する会社（すなわち、国内の会社）と整理しています。

したがって、外国法人は、円滑化法の中小企業者に該当せず、円滑化法の認定を受けられないため、事業承継税制を適用できません。

【参考：中小企業者に該当する判定基準（資本金基準又は従業員数基準）】

業種目	資本金　又は	従業員数
製造業その他	3億円以下	300人以下
製造業のうちゴム製品製造業 （自動車又は航空機用タイヤ及び チューブ製造業並びに工業用ベルト製造業 を除く。）	3億円以下	900人以下
卸売業	1億円以下	100人以下
小売業	5,000万円以下	50人以下
サービス業	5,000万円以下	100人以下
サービス業のうちソフトウェア業又は情報処理サービス業	3億円以下	300人以下
サービス業のうち旅館業	5,000万円以下	200人以下

外国子会社等と事業承継税制の適用対象

Q3-3 対象会社が外国子会社等を有する国内法人でも事業承継税制を適用できますか

ポイント

- 対象会社が外国子会社等を有する国内法人でも、国内に5人以上の雇用を確保している場合には、事業承継税制を適用できる
- 対象会社が外国子会社等を有する場合は、当該外国子会社等の株式等の価額相当は、納税猶予額の算定上、除外される
- 外国子会社等が上場している場合や風俗営業会社に該当する場合は、適用できない
- 外国子会社等は、中小企業者に該当しなくとも（＝大会社に該当しても）、事業承継税制を適用できる

【回答】

1 対象会社が外国子会社等を有する場合

国内の中小企業が海外に進出し、現地法人を設立する等で外国子会社等を有する場合もありますが、国内における雇用を確保しつつ、海外で活躍する会社もある中で、このような会社を（外国子会社等を有しているからといって）一律に事業承継税制の対象外とすることは、適当でないと考えられます。

他方で、外国子会社等そのものは、国内雇用に直接貢献しないことから、対象会社が外国子会社等を有する場合には、通常よりも（国内の）

雇用確保要件が加重（通常は1人以上のところ、5人以上に加重）された上で（**Q3**-4参照）、納税猶予税額の計算においては、外国子会社等の株式等の価額相当を除外して算定を行うこととされています（**Q3**-7参照）。

また、対象会社の特定特別関係会社に該当する外国法人が上場（外国市場における上場を含む。）している場合や、風俗営業会社（**Q3**-1 参照）に該当する場合は、事業承継税制を適用することはできません（措法70の7②ハ、ニ）。

なお、国内の子会社等（特定特別関係会社に該当するものに限る。）については、対象会社同様に「中小企業者（**Q3**-2参照）であること（＝大会社に該当しないこと）」を求められますが、外国子会社等については、同様の要件は求められません（措令40の8⑩三）。これは、規模に関係なく全ての外国法人は、円滑化法上の中小企業者に該当し得ないことから（**Q3**-2参照）、（必ず大会社に該当することとなり）海外進出する中小企業の弊害となる恐れがあったからとされています。

2　事業承継税制における外国子会社等の範囲とは

(1)　特別関係会社の範囲

事業承継税制では、子会社や孫会社、兄弟会社などを総称し「特別関係会社」と定義しています。具体的には、下記①～⑥の者が有する議決権の合計が50％超となる会社をいい、図表1の点線内の会社が特別関係会社に該当します(措法70の7②一ハ、措令40の8⑦)。また、下記③の「親族」を「生計一親族」と読み替えた場合において、①～⑥の者が有する議決権の合計が50％超となる会社を「特定特別関係会社」といい、図表1の実線内の会社が該当します（措令40の8⑧）。

なお、特別関係会社は、支配関係[※1]と異なり「みなし支配関係」に類する規定が無いことから、50％超の議決権を有する会社が連鎖している場合であっても、（①～⑥の者が保有しない）D1社やE1～E3社は、特別関係会社には該当しません（図表1参照）。

① 対象会社
② 対象会社の代表者
③ 対象会社の代表者の親族、内縁関係にある者、使用人
④ ③以外で、対象会社の代表者から生計の支援を受けている者
⑤ ①～④が議決権の50％超を有する会社（図表1のA1社、A2社、B2社が該当）
⑥ ①～⑤が議決権の50％超を有する会社（図表1のB1社、C2社、C3社が該当）
⑦ ①～⑥が議決権の50％超を有する会社（図表1のC1社、D2社、D3社が該当）
※ ③～⑦の者を総称して「特別関係者」といいます。

【図表1：特別関係会社と特定特別関係会社の範囲】

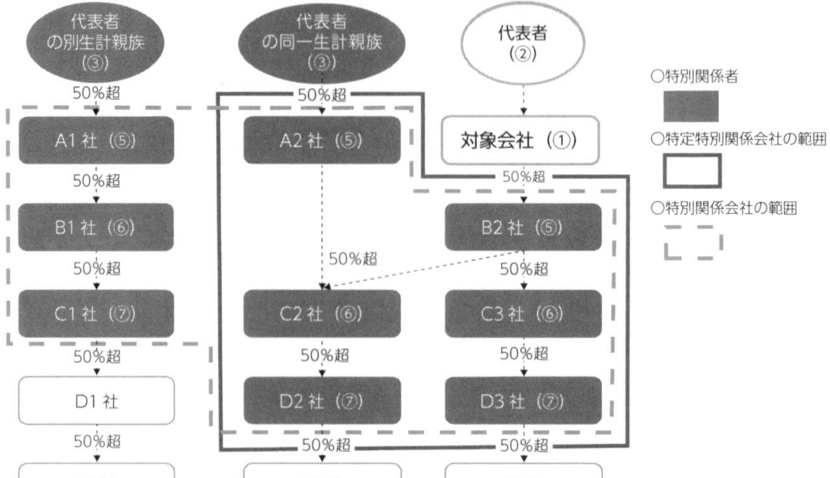

（※1）　支配関係とは

「支配関係」とは、会社が他の法人の発行済株式等（自己株式を除く。以下、**Q3**において同じ。）の50％超を保有する場合における当該会社と他の法人との間の関係（以下、「直接支配関係」という。）をいいます（措法70の7②一ホ、措令40の8⑨）。この場合において、当該会社及び当該会社との間に直接支配関係がある一若しくは二以上の他の法人又は当該会社との間に直接支配関係がある一若しくは二以上の他の法人がその他の法人の発行済株式等の50％超を保有するときは、当該会社は当該その他の法人の発行済株式等の50％超を保有するものとみなされます。

(2) 事業承継税制における外国子会社等とは

事業承継税制における外国子会社等とは、下記のいずれにも該当する外国法人をいいます（措法70の7②五イ括弧書）。

①　外国法人が対象会社の特別関係会社であること

②　対象会社又は対象会社の特別関係会社であって対象会社との間に支配関係がある法人が、当該外国法人の株式等を有していること(※2)

このため、外国法人であったとしても、特別関係会社に該当しない法人（図表2のJ1、J2社）や、特別関係会社であっても対象会社との間に支配関係の無い法人（図表2のF社）は、事業承継税制における外国子会社等には該当しません。

（※2）　雇用確保要件の加重措置の場合、(2) ②は「対象会社又は対象会社との間に支配関係がある法人が、当該外国法人の株式等を有していること」となります（措法70の7②ホ括弧書）。すなわち、対象会社と支配関係のある対象会社グループ内に外国法人があれば雇用確保要件の加重措置（5人以上）となります。具体的には、図表2の特別関係会社であるG社、H1社、H2社、I1社、I2社が外国法人でなく、特別関係会社ではないJ1、J2社が外国法人であった場合であっても、雇用確保要件の加重措置だけは必要となります。

【図表2：事業承継税制における外国子会社等の範囲】

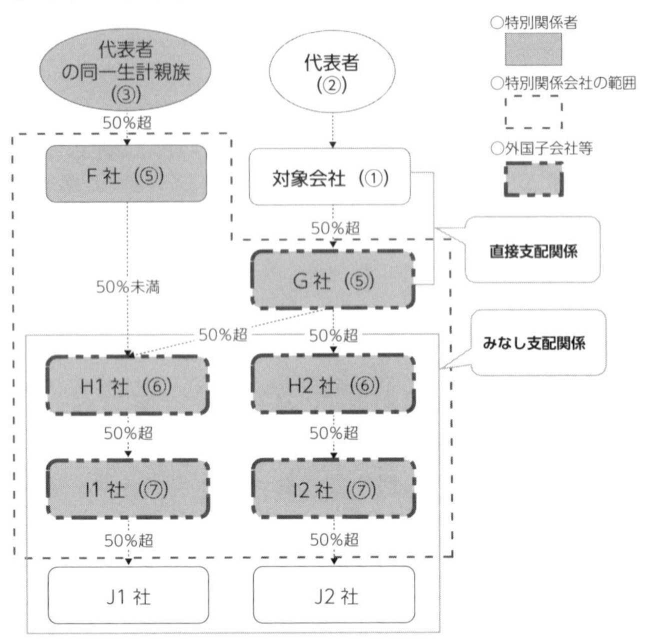

3 事業承継税制の適用に際し、外国子会社等に求められる要件

後継者への株式移転時（贈与又は相続等の時）から都道府県知事の認定を受けるまでにおいて、対象会社の特定特別関係会社に該当する外国法人が次の要件のいずれも満たさない場合には、対象会社は事業承継税制の適用を受けることができません（措法70の7②ハ、ニ）。

（1）上場（外国市場における上場を含む。）していないこと。

（2）風俗営業会社に該当しないこと。

また、（2）の要件については、都道府県知事の認定後も経営承継期間（原則、申告期限の翌日から5年間）内は、継続して満たす必要があります（措法70の7③十五、十六）。なお、贈与税の納税猶予中に贈与者（先代経営者等）の相続が発生した場合には、相続により取得したものとみなされ（「みなし相続」という。以下、**Q3**において同じ。）、一定の要件を満たすときは、贈与税から相続税の納税猶予に切り替え、引き続き猶予を受けることができますが、当該みなし相続時においても（2）の要件を満たす必要があります（措法70の7の4②一二）。

ところで、国内子会社（特定特別関係会社に該当するものに限る。）の場合には、上記要件に加えて、認定の際に大会社に該当しないこと（＝中小企業者に該当すること）も求められますが、外国法人の場合は不要です。

外国子会社等と従業員数要件

Q3-4 対象会社が外国子会社等を有する場合における「従業員数要件」について教えてください

ポイント

- ■ 対象会社が外国子会社等を有する場合には、贈与又は相続等の時における「常時使用従業員の数」の要件が5人以上に加重（通常は1人以上）される
- ■ 「常時使用従業員」とは、対象会社に雇用されている従業員のうち、原則として日本の社会保険に加入している者をいう。すなわち国内雇用者に限られる

【回答】

1 常時使用従業員とは

「国内雇用の確保」は、事業承継税制の政策目的の重要な柱となっており、対象会社が外国子会社等を有する場合には、贈与又は相続等の日における対象会社の「常時使用従業員」の数が、5人以上に加重（通常は1人以上）されます（措法70の7②一ホ）。

「常時使用従業員」とは、対象会社に雇用されている従業員のうち、原則として日本の社会保険の被保険者が該当します（措規23の9④）。ただし、社会保険の被保険者であっても、その会社の平均的な従業員に比して、労働時間が4分の3に満たない、いわゆる「短時間労働者」に該当する場合は、常時使用従業員から除外されます。

また、社会保険に加入している場合でも、従業員に該当しない役員（使用人兼務役員を除く。）は、常時使用従業員には含まれません。

なお、常時使用従業員数の加重要件（1人以上⇒5人以上）は、対象会社が外国子会社等を有している限り、みなし相続により相続税の納税猶予に切り替える時にも同様に課せられます。

2 常時使用従業員の数を示す認定申請時の添付資料

常時使用従業員の数は、上記の通り対象会社の社会保険の被保険者数で判定します。認定申請等をする時には、一般に以下の書類を添付することで疎明をします。

(1) 70歳未満の常時使用従業員数を示す資料（①又は②のいずれか）

①　厚生年金保険標準報酬月額決定通知書

原則として「7月1日現在」の被保険者が記載されています。贈与等の日までにおける増減については、別途「被保険者資格取得（喪失）確認通知書」等によりその変動を示す必要があります。

②　被保険者縦覧照会回答票

（①と異なり）その会社における被保険者であった者の資格取得日及び喪失日等も記載されるため、贈与等の日における常時使用従業員の数を本票のみで示すことができます。ただし、本票は、日付指定（例えば、贈与日）をして請求することはできないため、本票を請求する場合「贈与等の日から2～3週間経過後」に行うことが望ましいものと思われます。

(2) 70歳以上75歳未満の常時使用従業員数を示す資料

①　健康保険標準報酬月額決定通知書

原則として「7月1日現在」の被保険者が記載されています。贈与等の日までにおける増減については、別途「被保険者資格取得（喪失）確認通知書」等によりその変動を証する必要があります。

(3) 75歳以上の後期高齢者医療保険の対象となる従業員がいる場合等

従業員が後期高齢者など(1)又は(2)で示すことができない場合には、当該従業員が正社員並み（短時間労働者に該当するものを除く。）の雇用実態があることを、雇用契約書や給与明細などで証することとなります。

(4) 役員（使用人兼務役員に限る。）を常時使用従業員に含める場合

「使用人兼務役員」については、上記（1)～(3）に加え、別途、当該役員が従業員としての身分を有することを証する書類が必要となります。具体的には従業員給与が支給されていることを証する給与明細や雇用保険被保険者資格を証する書類等で示すことが考えられます。

外国籍や外国居住の者と事業承継税制の適用対象

Q3-5 先代経営者や後継者が外国籍や外国居住者でも事業承継税制を適用できますか

ポイント

■　事業承継税制には、個人の国籍や居住地に関する制限は無いため、先代経営者や後継者が外国籍や外国居住者であっても適用できる

■　日本居住者である先代経営者から海外居住者である後継者へ自社株式の贈与又は相続等をした場合には、その贈与又は相続等の時点において、（贈与税や相続税とは別に）国外転出時課税（所得税の課税）が生じる可能性があるので注意が必要である

【回答】

1　事業承継税制に国籍や居住者要件は無い

対象会社の先代経営者や後継者が外国籍や外国居住者であっても、国内雇用を確保しつつ、地域経済の活力維持に貢献しているケースは多くあります。このため、事業承継税制では、個人の国籍や居住地に関する制約は無く、先代経営者や後継者が外国籍や外国居住者であったとしても、適用を受けることができます（措法70の7①、②三、措令40の8①）。

2 海外居住者である後継者へ自社株式の相続又は贈与する場合の留意点

上記の通り先代経営者や後継者が外国籍や外国居住者であっても事業承継税制は適用できます。

他方で、日本居住者である先代経営者から海外居住者である後継者へ、自社株式の贈与又は相続等をした場合には、その贈与又は相続等の時点において、先代経営者が対象会社の株式を時価で譲渡したものとみなして、所得税の課税（以下、「国外転出時課税」という。所法60の3）を受ける場合があるため注意が必要です（国外転出時課税については、第6章参照）。なお、事業承継税制においては「みなし相続（**Q3**-3参照）」の規定がありますが、これは相続税法のみの取扱いで、所得税法上は別段の定め（例えば、相続財産に係る株式をその発行した非上場会社に譲渡した場合のみなし配当課税の特例（措法9の7①））があるものを除き、自社株式を相続したものとみなされません。したがって、ここでいう「贈与又は相続等」にこの「みなし相続」は含まれません。

ところで、以前は、内国会社の代表取締役のうち、最低1人は日本に住所を有していなければならないといった登記上の規制があり、（事業承継税制以外の理由で）先代経営者又は後継者には、国内居住の要件が課せられていましたが、政府の規制改革措置の一環として、当該規制は、廃止されています（平成27年3月16日民商第29号通知）。

このため、現状では、代表取締役の全員が海外に居住していても、日本において会社の設立登記や重任登記を申請することが認められています。

出国が事業承継税制に及ぼす影響

Q3-6 先代経営者や後継者が出国する場合に、事業承継税制の適用上、注意することはありますか 承継前（事業承継税制適用前）と納税猶予中（事業承継税制適用中）、それぞれの場合で教えてください

ポイント

■　先代経営者や後継者の出国が、直接的に事業承継税制の適用要件に影響することはない

■　贈与承継の場合、後継者の役員就任期間に関する要件があるため、後継者育成の一環として、承継前に一時的に外国子会社等に籍を移す場合には、注意が必要となる

■　後継者が納税猶予期間中に出国し、国外転出時課税の対象となった場合（＝所得税法上、譲渡したものとみなされた場合）においても、納税猶予は継続される

【回答】

1　承継前に先代経営者や後継者が出国する場合

事業承継税制には、個人の国籍や居住地に関する制限は無いため、先代経営者や後継者が外国籍や外国居住者であっても適用できます（**Q3**-5参照）。このため、事業承継前（自社株式の移転前）に先代経営者や後継者が出国（国内に住所及び居所を有しないこととなることをい

う。以下、**Q3**において同じ。）した場合においても、事業承継税制を適用することはできます。

ただし、贈与による承継の場合、後継者に対し「役員就任期間に関する要件（贈与の日まで3年以上継続して対象会社の役員であること）」があるため（措法70の7②三へ）、後継者育成の一環として、承継前に一時的に外国子会社等に籍を移す場合には、当該要件を充足できるかどうか注意が必要です。

2 納税猶予中に後継者が出国する場合

事業承継税制には個人の国籍や居住地に関する制限は無いため、納税猶予中に後継者が海外に出国した場合でも、猶予を継続することができます。

ところで、時価1億円以上の有価証券等（非上場株式等を含む。）を所有している日本の居住者が、国外に転出（出国）する場合、出国時に当該有価証券等を譲渡したものとみなされ、含み益に所得税が課税されます（「国外転出時課税」という（第6章参照）。所法60の2）。事業承継税制では、納税猶予の対象となっている株式等を譲渡した場合、納税猶予期限が確定されることとなりますが（措法70の7③五・六、⑤二）、出国により譲渡したものとみなされるのは、所得税法上だけであり、事業承継税制を規定する租税特別措置法上（相続税法関係）は、譲渡したものとみなされません。

したがって、納税猶予中に後継者が出国し、国外転出時課税の対象となった場合においても、猶予は継続されます。

外国子会社株式を有する場合における事業承継税制の猶予税額（みなし相続時以外）

Q3-7 対象会社が外国子会社株式を有する場合（みなし相続の場合を除く。）、猶予税額はどのように算定しますか

ポイント

■　対象会社の株価のうち、外国子会社株式に係る部分を、猶予税額の計算上、除外する調整計算がある（贈与税、相続税共通）

■　調整計算により、申告期限内に納付しなければならない贈与税（相続税）が生じる

【回答】

1 対象会社株価の調整計算

対象会社が外国子会社株式を有する場合、当該対象会社が当該外国子会社株式を有していなかったものとして計算した贈与税額（相続税額）が納税猶予の対象となります（措法70の7の5②八イ、70の7の6②八）。この調整計算により、調整前評価額と調整後評価額の差額に対応する贈与税（相続税）は申告期限までに納付することとなります（措通70の7の5-13、70の7の6-13、70の7-14、70の7の2-16）。

なお、対象となる外国子会社については**Q3-3**をご参照ください。

2 調整計算の方法

納税猶予額の計算上、対象会社の株価算定において、以下の三点の調整を行うこととなります。なお、この三点以外は通常通り財産評価基本通達の定めにより株価を算定します。

(1) 純資産価額方式の対象資産から外国子会社株式等を除外します。

(2) 類似業種比準価額方式の1株当たりの年利益金額から、対象会社が外国子会社から受領した手取り配当収入相当額等を控除します※。

※ 租税特別措置法第66条の6（外国子会社合算税制）等の適用状況も考慮し、外国子会社株式を所有することにより年利益金額を構成する金額を除外します。なお、手取り配当収入相当額を控除するのは外国子会社からの手取り配当金額が年利益金額となっているためです。例えば、法人税法第23条の2（外国子会社配当益金不算入制度）を適用している場合には当該益金不算入額を「⑬受取配当等の益金不算入額」欄で加算し、加算した配当等に係る外国源泉税等の額の支払いがある場合には当該金額（損金不算入とされている）を「⑭左の所得税額」に記載することにより減算して計算されています。一方で、同制度を適用していない場合には当該配当金額が益金で当該外国源泉税等の額が損金となっており、⑬⑭に記載はされません。いずれも手取り配当金額となっています。

(3) 類似業種比準価額方式の1株当たりの純資産価額から、対象会社が有する外国子会社株式等の価額相当額を控除します。

(計算方法のイメージ)

(純資産価額方式)

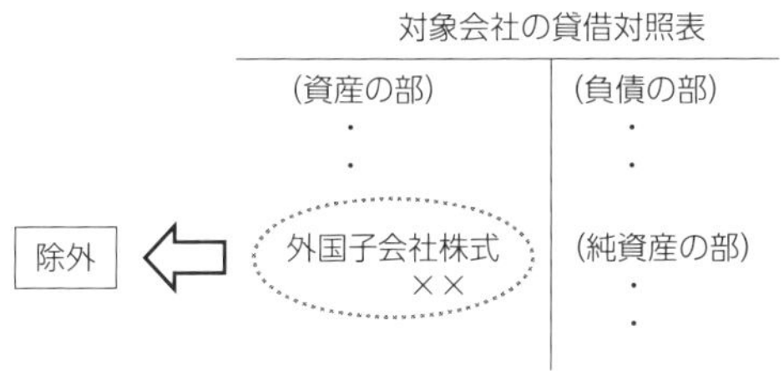

(類似業種比準価額方式)

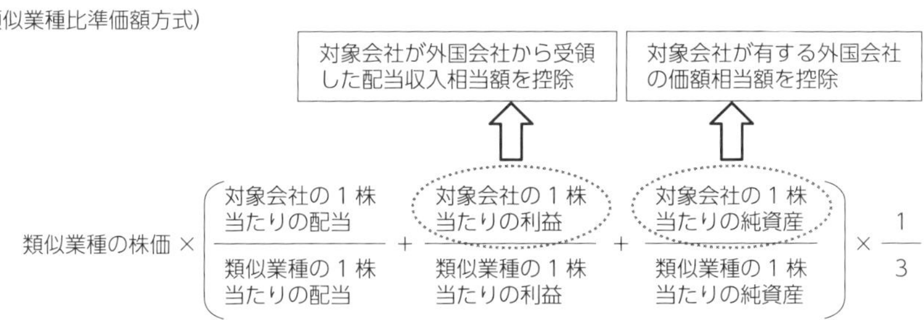

「平成 23 年改正税法のすべて」(大蔵財務協会) を参考に作成

3　調整計算による影響

「外国子会社の純資産価額が高い場合(純資産価額方式に影響)」や、「外国子会社から多額の配当を受けている場合 (類似業種比準価額方式に影響)」等で当該調整計算により申告期限までに納税する贈与税 (相続税) 額が高額になることが考えられます。他方、対象会社の株価算定上の会社規模が大会社であり、株価を類似業種比準価額方式のみで評価できる場合には、外国子会社株式の税務上簿価が低く外国子会社から配当を受けていなければ、結果として調整計算の影響がほとんど無いこともあります。

4 猶予税額の計算例（暦年贈与の場合）

（前提）

・先代経営者が後継者である子に対して対象会社株式を贈与します。

・相続時精算課税制度は適用しません（いわゆる暦年贈与）。

・外国株式調整前株価　@100,000円

・外国株式調整後株価　@80,000円

・贈与株数　10,000株（発行済株式総数10,000株、贈与株数の全てを猶予適用）

・この贈与年に後継者は他に贈与を受けていません。

（計算）

（1）@100,000円の場合の贈与税額

（10億円※－110万円）×55％－640万円＝542,995,000円

※　100,000円×10,000株

（2）@80,000円の場合の贈与税額

（8億円※－110万円）×55％－640万円＝432,995,000円

※　80,000円×10,000株

（3）納税猶予されない（申告期限までに納付する）贈与税額

①－②＝110,000,000円

5 みなし相続時（参考）

みなし相続（**Q3**-3参照）の際に注意すべき事項があります。詳細は**Q3**-9をご参照ください。

外国孫会社株式を有する場合における事業承継税制の猶予税額（みなし相続時以外）

Q3-8 対象会社が外国孫会社株式を有する場合（みなし相続の場合を除く。）、猶予税額はどのように算定しますか

ポイント

■　対象会社の国内子会社が外国孫会社株式を有する場合は調整計算を行う（贈与税、相続税共通）

■　対象会社が外国子会社を通じて外国孫会社株式を有する場合は、外国子会社の株価のうち間接保有となる孫会社株式に係る部分の調整計算は不要（対象会社の株価のうち外国子会社株式に係る部分の調整計算のみでよい。）

【回答】

1 対象会社株価の調整計算

納税猶予額を計算するに当たって、対象会社の特別支配関係法人※である国内子会社が外国孫会社株式を有する場合、当該国内子会社の株価は外国孫会社株式分を調整計算したものを使うこととなります（措法70の7の5②八イ、70の7の6②八）。

この調整計算は、**Q3-7**の方法に準じて行います。

※　特別支配関係法人とは、対象会社の特別関係会社であって、対象会社との間に支配関係がある法人をいいます（措法70の7の5②八イ、措通70の7の4-6）。特別関係会社や支配関係の定義については**Q3-3**をご参照ください。

【対象会社の「国内」子会社が外国会社株式を有する場合の調整対象】

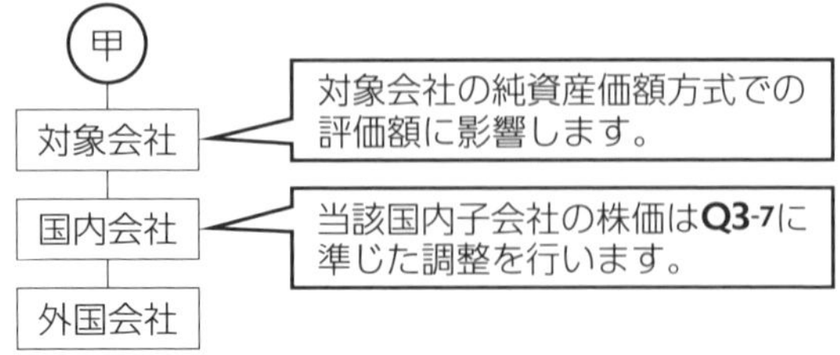

2 調整計算の対象法人

調整計算が必要となるのは、対象会社又は対象会社から見て最も近い外国会社を有する特別支配関係法人の株価です（措通70の7-14注書き、70の7の2-16注書き）。したがって、調整計算の基となった外国子会社が有する外国孫会社株式については、調整計算の対象とはなりません。

【対象会社の「外国」子会社が外国会社株式を有する場合の調整対象】

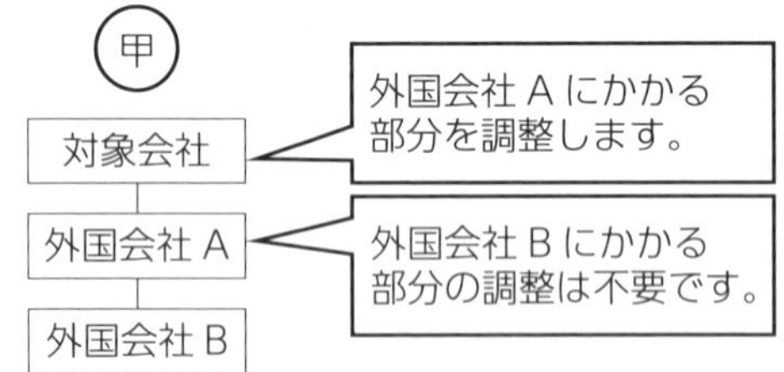

なお、対象会社の孫会社が有する外国会社株式までは調整計算の対象となりますが、ひ孫会社が有する外国会社株式については調整計算の対象外となります（ひ孫会社が有する外国会社は特別関係会社の範囲外となるため（措令40の8の5⑥、40の8の6⑦、40の8⑦、40の8の2⑧)。)。

【除外して計算することとなる外国会社の範囲】

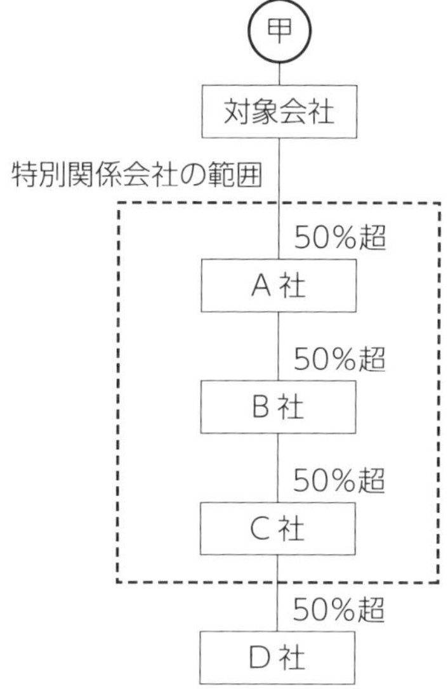

A社、B社及びC社は特別関係会社となり、調整計算の対象となりますが、D社は特別関係会社とならないため、調整計算の対象外となります（C社の株価算定上、D社分の調整はしないということ。）。

外国子会社株式を有する場合における事業承継税制の猶予税額（みなし相続時）

Q3-9 みなし相続時に対象会社が外国子会社株式を有する場合、猶予税額はどのように算定しますか

ポイント

- ■ みなし相続時に、贈与時の対象株価のうち、外国子会社に係る部分を猶予税額から除外するための調整計算がある
- ■ 贈与時に外国子会社株式等を有していなかったとしても、みなし相続時に有していれば調整計算の対象となる
- ■ 贈与時に**Q3**-7、**Q3**-8の調整計算がされている場合には調整後株価が相続税の課税価格となる
- ■ みなし相続時の純資産額を基準に調整計算を行うため、思わぬ納税が生じる場合がある

【回答】

1 みなし相続時の調整計算

みなし相続時※の納税猶予額の計算において、対象会社が外国子会社株式等（**Q3**-3参照）を有する場合、調整前株価（贈与時）から外国子会社等の株式が影響する部分を除外する調整計算を行います（措法70の7の8②四、措規23の12の5⑥、23の12③）。**Q3**-7、**Q3**-8とは調整計算の方法が異なり、対象会社と外国子会社等のみなし相続時における純資産額を基準に按分計算をします。

※　贈与の際に事業承継税制を適用していた場合において、贈与者が死亡したときは、受贈者が対象会社株式を相続又は遺贈により取得したものとみなして相続税が課されることとなります（措法70の7の7①）。

2 調整計算の判定時期

調整計算の要否は、課税時期の状況により判定します。すなわち、贈与や相続の時に「外国子会社株式等を有するか」の判定を行うこととなります。みなし相続に係る相続時においてもこの判定を行います（措通70の7の8-5、70の7の4-6）。

したがって、「贈与時は調整計算の対象となるが、みなし相続時には調整計算の対象とならない」といったことや、逆に「贈与時は調整計算の対象にならないが、みなし相続時には調整計算の対象となる」ということがあります。

3 みなし相続時の相続税の課税価格に算入される対象株価

贈与の際に事業承継税制の適用を受け、調整計算の対象となった場合、調整計算後の贈与時の株価がみなし相続時の相続税の課税価格となります（措法70の7の7①）。当該措置により、下図の通り、納税した贈与税と相続税との二重課税が排除されることとなります。

【みなし相続時の課税価格】

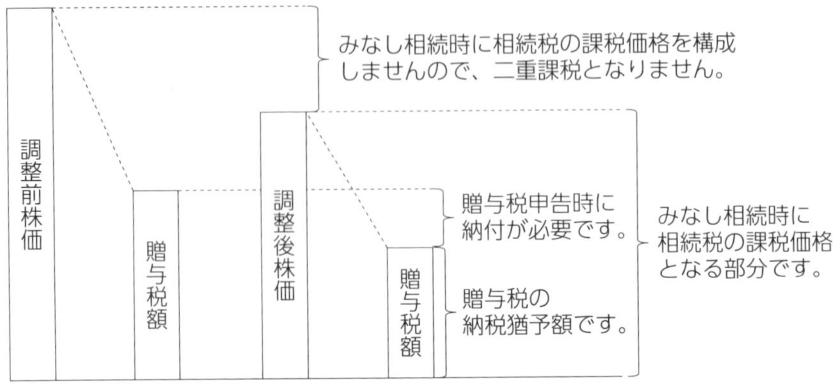
調整前株価
贈与税額
調整後株価
贈与税額
みなし相続時に相続税の課税価格を構成しませんので、二重課税となりません。
贈与税申告時に納付が必要です。
贈与税の納税猶予額です。
みなし相続時に相続税の課税価格となる部分です。

贈与時に事業承継税制と相続時精算課税制度を併用していた場合も上記の措置の対象となりますが、調整された部分についてもみなし相続時に課税対象となり、贈与時に納付が必要となった金額は贈与税額控除されることで二重課税が排除されます（相法21の15）。

4　調整計算の具体的方法

以下の①②いずれか低い金額がみなし相続時の納税猶予額の計算の基礎（納税猶予の対象）とされます。なお、当該調整計算の方法は通達ではなく法令により定められています（措規23の12の5⑥、23の12③）。

①対象会社の株価（贈与時、調整後）

②以下の式により計算した価額※1

$$\text{対象株式の価額（贈与時、調整前）}^{※2} \times \frac{\text{みなし相続時における対象会社の純資産額} - \left(\text{対象会社が直接保有する外国株式の価額} + \text{対象会社が間接保有する外国株式の価額}^{※3}\right)}{\text{みなし相続時における対象会社の純資産額}}$$

※1　②の純資産額を計算する場合における各資産及び各負債の価額は財産評価基本通達の定めにより計算した価額となります（措通70の7の8-5、70の7の4-6）。

※2　以下により計算します（措規23の12③一）。

贈与時対象会社株式の1株当たりの価額（外国会社株式等を除外しない調整前のもの）×みなし相続時に課税対象となる対象会社株式の数

※3　以下により計算します（措規23の12③二ロ）。なお、特別支配関係法人の定義については**Q3-8**、**Q3-3**をご参照ください。

対象会社が有する特別支配関係法人の株式等の価額×当該特別支配関係法人が直接又は他の特別支配関係法人を通じて間接に有する外国会社（当該外国会社との間に支配関係がある他の外国会社を除く。）の株式の価額／当該特別支配関係法人の純資産額

5 調整計算の計算例

この計算例では、みなし相続時の調整計算がなかった場合に比べ、158,200,000円分の納税猶予額の減少が生じることとなります（213,200,000円－55,000,000円＝158,200,000円）。

当該減少額は、贈与当初に具体的金額を想定できないため、みなし相続時において思わぬ納税負担となる可能性があります。

（前提）

・相続人は後継者である子のみ

・贈与時に相続時精算課税制度は使っていない

・対象会社株式（10,000株）以外の相続財産は1億円

・外国株式調整前株価（贈与時）　@100,000円

・外国株式調整後株価（贈与時）　@80,000円

・贈与株式　10,000株（発行済株式総数10,000株）

・対象会社の純資産額（みなし相続時）　20億円

・外国子会社の純資産額（みなし相続時）　10億円

（外国子会社分の対象会社株価の調整計算）

100,000円×（20億円－10億円）/20億円＝50,000円

（猶予税額の計算）

（1）相続税総額

（9億円※－3600万円）×55％－7200万円＝403,200,000円

※　80,000円×10,000株＋1億円

（2）@50,000円にかかる相続税額

（5億円※－3600万円）×50％－4200万円＝190,000,000円

※　50,000円×10,000株

（3）納付税額

（1）－（2）＝213,200,000円

（みなし相続時の調整計算がなかった場合）

実際には上記調整計算が行われることとなりますが、比較対象とするため計算します。

（1）相続税総額

（9億円※－3600万円）×55％－7200万円＝403,200,000円

※　80,000円×10,000株＋1億円

（2）@80,000円にかかる相続税額

（8億円※－3600万円）×55％－7200万円＝348,200,000円

※　80,000円×10,000株

（3）納付税額

（1）－（2）＝55,000,000円

6 外国会社株式を間接保有する場合

贈与時の調整計算の対象範囲（**Q3-8**参照）とは異なり、対象会社が外国子会社を通じて外国孫会社株式を保有する場合のような、間接保有の外国会社株式に係る部分も、対象会社の株価の調整計算の対象となります。

具体的には、上記４の計算式にある通り、みなし相続時に「対象会社の特別支配関係法人が外国子会社を有する場合」や「対象会社の特別支配関係法人が他の特別支配関係法人を通じて間接に外国子会社を有する場合」にも調整計算を行うこととなり、納税猶予の対象から除外される範囲が広がります。

外国の上場会社株式を3%以上有する場合における事業承継税制の猶予税額

Q3-10 対象会社が外国の上場会社株式を有する場合、猶予税額はどのように算定しますか

ポイント

- ■ 対象会社が判定グループで上場会社の発行済株式等の3%以上を有している場合には、調整計算を行う（上場会社であれば対象会社の特別関係会社であるかは問わない）
- ■ この「上場会社」には、海外の証券取引所に上場している外国会社も含まれる
- ■ 対象会社が資産保有型会社や資産運用型会社に該当しなければ調整計算は不要
- ■ 調整計算の方法は、外国子会社株式を有する場合と同様である

【回答】

1 対象会社株価の調整計算

対象会社（資産保有型会社又は資産運用型会社に該当するものに限る）又は特別支配関係法人※が上場会社株式を有しており、当該上場会社株式数につき判定グループ（下記5参照）で発行済株式総数（自己株式を除外しない）の3%以上を有する場合には、対象会社等が当該上場会社株式を有していなかったものとして計算した価額により猶予税額を計算することとなります（措法70の7の5②八イ、70の7の6②八、措令40

の8の5⑮、40の8の6⑮、40の8⑫、40の8の2⑫）。同様に、みなし相続時（**Q3**-9参照）も当該上場株式を3%以上有していれば調整計算の対象となります（措法70の7の8②四）。すなわち、対象会社が有する株式が上場会社株式である場合には、当該上場会社が対象会社の特別関係会社かを問わず、調整計算の対象となることがあります。この調整計算により、猶予税額は縮減され、調整前評価額と調整後評価額の差額に対応する贈与税（相続税）は申告期限までに納付することとなります。

なお、調整計算は**Q3**-7、**Q3**-8、**Q3**-9と同様の方法により行われます。

※　特別支配関係法人とは、対象会社の特別関係会社であって、対象会社との間に支配関係がある法人をいいます（措法70の7の5②八イ）。特別関係会社や支配関係の定義については**Q3**-3をご参照ください。

(調整計算の対象となる場合)

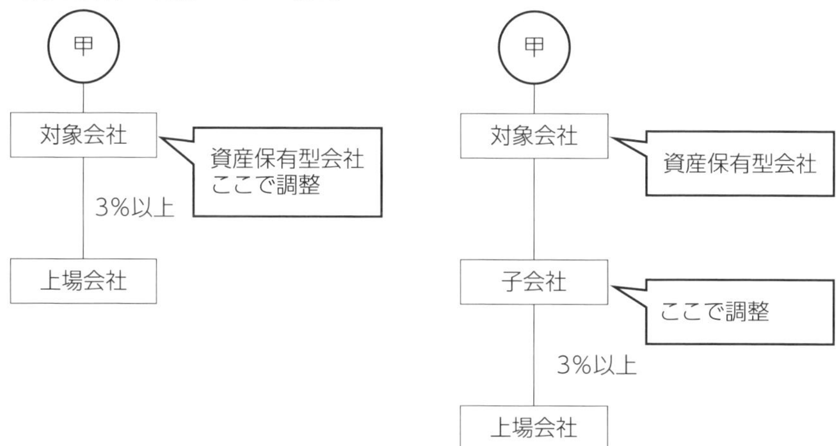

上図のように対象会社が資産保有型会社に該当し、事業実態要件で事業承継税制の適用要件を満たすケースにおいて、調整計算が行われます。

2 海外の証券取引所に上場している会社の株式を有する場合

ここでいう「上場会社」には海外の証券取引所に上場している会社も

含まれます。

条文上、当該調整計算の対象となる株式等から非上場株式等を除外することにより、結果として上場会社の株式が調整計算の対象とされています（措令40の8⑫一、40の8①一イ、措法70の7②二）。そして、この非上場株式に該当するには、「会社の株式の全てが金融商品取引所に類するものであって外国に所在するものに上場がされていないこと」ということも要件とされています（措規23の9⑦二）。この規定により海外の証券取引所に上場する外国会社の株式もここでいう非上場株式等に該当せず、当該調整計算の対象となります。

3 調整計算の要否判定

判定フローは以下となります。なお、この判定にあっては、上場会社が対象会社の特別関係会社かどうかは問いません（**Q3**-7、**Q3**-8、**Q3**-9とは異なる部分）。

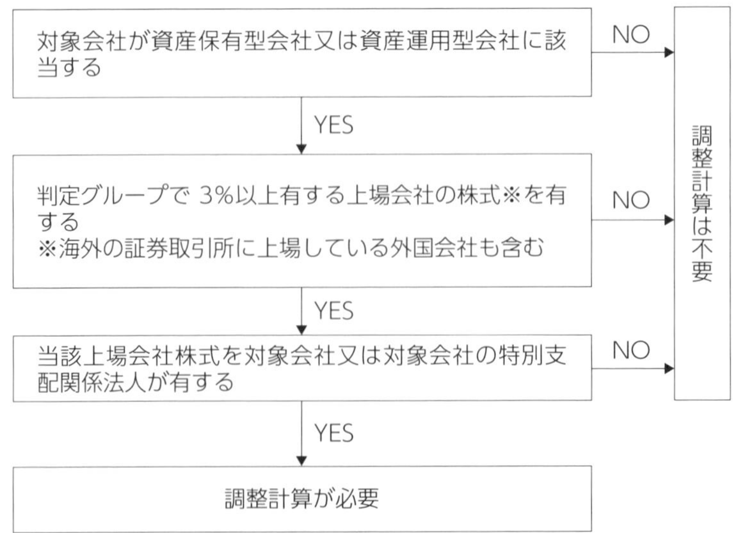

4 資産保有型会社又は資産運用型会社の定義（措令40の8⑫、40の8の2⑫）。

(1) 資産保有型会社

対象会社がいずれかの日において、対象会社が有する特定資産※と5年以内に行われた一定の配当等の合計額の割合が、対象会社の総資産（貸借対照表価額）の70%以上である場合における当該対象会社をいいます（措法70の7②八）。

※　特定資産とは、現金、預貯金、一定の株式、賃貸不動産、ゴルフ会員権、絵画等、関係者に対する貸付金等が含まれます（措法70の7②八、措規23の9⑮、円滑化省令1⑰二イ～ホ）。

(2) 資産運用型会社

対象会社が各事業年度における総収入金額に占める特定資産の運用収入の合計額の割合が75%以上となる会社をいいます（措法70の7②九）。

5 判定グループの範囲

判定グループには対象会社、対象会社の代表者、その代表者の特別関係者（具体的には下記①～⑦で、Q3-3の特別関係者と同じ。）が含まれます（措令40の8の5⑮、40の8の6⑮、40の8⑫、40の8の2⑫）。これらの者が有する上場会社の株式数の合計が当該上場会社の発行済株式総数（自己株式を除外しない。）の3%以上となるかどうかが判定基準となります。

①　対象会社

②　対象会社の代表者

③　対象会社の代表者の親族、内縁関係にある者、使用人

④　③以外で、対象会社の代表者から生計の支援を受けている者

⑤　①～④が議決権の50％超を有する会社

⑥　①～⑤が議決権の50％超を有する会社

⑦　①～⑥が議決権の50％超を有する会社

6 調整計算の留意点

調整計算は**Q3**-7、**Q3**-8、**Q3**-9と同様の方法により行われます。主な留意点を以下に記載します。

(1) みなし相続時の課税価格

贈与の際に事業承継税制の適用を受け、調整計算の対象となった場合、調整計算後の贈与時の株価がみなし相続時（**Q3**-3参照）の相続税の課税価格となります（措法70の7の7①）。当該措置により、申告期限内に贈与税を納付した部分にかかる二重課税が排除されることとなります。

贈与時に事業承継税制と相続時精算課税制度を併用していた場合も上記の措置の対象となりますが、調整された部分についてもみなし相続時に課税対象となり、贈与時に納付が必要となった金額は贈与税額控除されることで二重課税が排除されます（相法21の15）。

(2) みなし相続時の調整計算

みなし相続時の納税猶予額の計算において、対象会社が外国の上場会社株式を有する場合、調整前株価（贈与時）から外国の上場会社株式が影響する部分を除外する調整計算（少なくとも贈与時の調整後株価が猶予対象となるため、この調整計算後の株価と贈与時の調整後株価のうち少ない価額が猶予対象）を行います（措法70の7の8②四、措規23の12の5⑥、23の12③）。

(3) 調整計算の判定時期

調整計算の要否は、課税時期の状況により判定します。すなわち、贈与や相続の時に「資産保有型会社に該当するか」及び「判定グループで上場株式を3%以上有するか」の判定を行うこととなります。みなし相続に係る相続時においてもこれらの判定を行います（措通70の7の8-5、70の7の4-6）。

したがって、「贈与時は調整計算の対象となるが、みなし相続時には調整計算の対象とならない」といったことや、逆に「贈与時は調整計算の対象にならないが、みなし相続時には調整計算の対象となる」ということがあります。

事業承継税制適用中（納税猶予期間中）の海外進出

Q3-11 事業承継税制の納税猶予中に海外に進出し、現地法人を設立した場合、事業承継税制にどのような影響がありますか

ポイント

■ 対象会社の海外進出により納税猶予期限が確定されることはない

■ 贈与承継の場合において、贈与者（先代経営者等）の死亡時に相続税の納税猶予へ切り替えるときは、常時使用従業員数要件が加重され（**Q3**-4参照）、外国子会社等の株式等の価額相当は、納税猶予額の算定上、除外される（**Q3**-9参照）

■ 次の後継者への贈与により納税猶予税額の免除を受ける場合には、常時使用従業員数要件が加重される（**Q3**-4参照）

【回答】

1 納税猶予中に海外に進出し、現地法人を設立した場合

対象会社が納税猶予中に海外進出することも考えられますが、海外進出を事由として納税猶予を取り消した場合、企業の自由な経済活動や成長を阻害します。また、海外進出することで、更に国内雇用を確保し、地域経済の活力維持に貢献する会社もあることから、納税猶予中の海外進出を一律に猶予取消事由とすることは、適当でないと考えられます。

このため、納税猶予中に海外進出し、現地法人を設立した場合においても、納税猶予を継続することができます。

2 みなし相続時の取扱い

贈与税の納税猶予中に贈与者（先代経営者等）の相続が発生した場合には、「みなし相続」により相続により取得したものとみなされますが（措法70の7の3①）、一定の要件を満たすときは、贈与税から相続税の納税猶予に切り替え、引き続き猶予を受けることができます（措法70の7の4①）。みなし相続時において、対象会社が外国子会社等を有する場合には、雇用確保要件を通常よりも加重（通常は1人以上のところ、5人以上必要）された上で（**Q3**-4参照）、相続税の納税猶予税額の計算においては、外国子会社等の株式等の価額相当を除外して算定されます（**Q3**-9参照）。

なお、みなし相続時に外国子会社等が風俗営業会社（**Q3**-1参照）に該当する場合は、事業承継税制（相続税の納税猶予）を適用することはできません。

3 免除対象贈与時の取扱い

納税猶予税額は、次の後継者に納税猶予の対象となっている自社株式を贈与等することで免除されます（措法70の7⑮）。この場合における贈与は、事業承継税制の適用に係る贈与に限られているため、当該贈与の時において、改めて贈与承継における適用要件を満たす必要があります。このため、対象会社が外国子会社等を有している場合、改めて**Q3**-3記載の事項に留意する必要があります。

事業承継税制の規制措置逃れと行為計算否認の規定

Q3-12 外国子会社等に対する規制措置を回避するために、経済合理性のない行為等を行った場合の留意点を教えてください

ポイント

■ 事業承継税制には「行為計算否認の規定」が講じられており、経済合理性のない行為等を行った場合には、納税猶予を止められ、納税を求められる可能性がある

■ 対象会社のどのような行為等が「行為計算否認」の対象となるのか、明確な基準は無いが、例えば、事業承継税制における外国子会社等への規制措置を回避する行為等は、対象となり得る

【回答】

1 行為計算否認の規定とは

事業承継税制における「(同族会社等の) 行為計算否認の規定」とは、後継者等の相続税又は贈与税の負担を不当に減少させる租税回避行為を是正することを目的に、税務署長に対して、事業承継税制の適用に関し、当該対象会社の行為又は計算を否認し、独自に納税の猶予に係る期限を繰り上げ、又は免除する納税の猶予に係る相続税又は贈与税を定め、若しくは当該相続税又は贈与税の免除を取り消すことができる権限を認めたものです (措法70の7⑭)。

要すれば、形式的には、適法な行為計算であったとしても、当該行為計算に経済合理性がなく、租税回避目的であると認定された場合には、納税猶予期限が確定され、又は免除税額が減額され、若しくは免除が取り消されることとなります。

2 行為計算否認の対象となり得る潜脱行為とは

実務上は、どのような場合に「相続税又は贈与税の負担を不当に減少させる結果となると認められるもの」に該当するのかが重要となりますが、法令上、明確な判断基準は規定されていません。この点、判例等を踏まえると、対象会社の行為等が非同族会社では通常なしえないような行為計算であるか、専ら経済的、実質的見地において当該行為計算が純経済人の行為として不合理、不自然なものと認められるか等が判断基準とされています。

例えば、事業承継税制における外国子会社等への規制を回避するために、次のような行為計算を行った場合には、行為計算否認の規制対象となり得るものと考えられます。

(1) 外国子会社等を玄孫会社にして、特別関係会社から除外する場合

外国法人が特別関係会社に該当しない場合には、原則として外国子会社等における規制の対象外となります（**Q3**-3参照）。特別関係会社の定義には「みなし支配関係」の規定が無いことから、50％超の議決権を保有する会社が連鎖している場合であっても、玄孫会社は特別関係会社には該当しません。

このため、外国子会社等を玄孫会社にすることで、外国子会社等に対する規制を潜脱するといった行為も想定されますが、当該行為計算に経済合理性がなく、租税回避目的であると認定された場合には、納税猶予期限が確定され、又は免除税額が減額され、若しくは免除が取り消され

ることとなります。

(2) 外国子会社等への議決権割合を調整し、特別関係会社から除外する場合

上記の通り外国法人が特別関係会社に該当しない場合には、原則として外国子会社等における規制の対象外となります。外国法人が特別関係会社に該当するかどうかは、後継者や後継者と特別の関係のある者が保有する議決権の合計が、50％超となるかどうかで判定されます（**Q3**-3参照）。

このため、恣意的に議決権を調整し、外国子会社等を特別関係会社から除外する行為も想定されますが、当該行為計算に経済合理性がなく、租税回避目的であると認定された場合には、納税猶予期限が確定され、又は免除税額が減額され、若しくは免除が取り消されることとなります。

(3) 特別関係会社の発行済株式総数を調整し、支配関係から除外する場合

事業承継税制における外国子会社等の規制対象となるには、外国法人が特別関係会社に該当することに加えて、対象会社又は対象会社の特別関係会社であって対象会社との間に支配関係がある法人が、当該外国法人の株式等を有していることが要件となります（**Q3**-3参照）。

このため、例えば、対象会社の特別関係会社の発行済株式総数を恣意的に調整することで、対象会社と当該特別関係会社との支配関係を外すような行為も想定されますが、当該行為計算に経済合理性がなく、租税回避目的であると認定された場合には、納税猶予期限が確定され、又は免除税額が減額され、若しくは免除が取り消されることとなります。

第4章

事業承継に際して組織再編等を行った場合の留意点

国内法人間の組織再編時の非居住者株主に対する課税

Q4-1 国内法人間で吸収合併を計画しています。被合併法人となる国内法人の個人株主に日本の非居住者がいる場合の当該株主への課税関係について教えてください

ポイント

■ 非居住者は国内源泉所得について日本で課税が行われる。被合併法人の個人株主である非居住者の日本での課税関係は、組織再編の種類、適格要件を満たすか否か、対価の内容等によって異なる

■ 日本だけではなく非居住者株主の居住地国においても課税が生じる場合がある。課税関係の整理に当たっては日本と当該居住地国との間の租税条約の確認も必要となる

■ 日本及び海外の双方で課税が生じる場合には、外国税額控除等の適用により二重課税を調整することが出来る

■ 米国居住株主がいる場合はSEC（米国証券取引委員会）に書類提出が必要となるなど、各国の制度に基づく手続に留意が必要な場合がある

【回答】

組織再編の手法には合併、会社分割、株式交換、株式移転等の様々な種類がありますが、以下では国内法人間の吸収合併に際して、被合併法

人（消滅会社）の個人株主に日本の非居住者（非居住者株主）がいる場合で、当該非居住者株主が日本国内にPEの無い個人であることを前提として解説します。

1 吸収合併における日本での株主課税について

法人が組織再編を行った場合には、その再編主体となる法人及びそれらの法人の株主に課税が生じるケースがあります。課税関係は組織再編の種類、適格・非適格の区分、組織再編に係る対価の内容等の組織再編の内容に応じて決定されます。

吸収合併が行われた場合の被合併法人の株主に対する課税関係は以下の通りとなります。

【吸収合併時の被合併法人の株主に対する課税関係】

	適格合併	非適格合併
みなし配当	課税なし	課税あり
株式譲渡損益	課税なし	対価が株式のみの場合：課税なし 対価が金銭等の場合：課税あり

合併が一定の要件を満たす適格合併である場合には、被合併法人の株主には課税は生じません（所法25①一、所令112①）。

一方、合併が一定の要件を満たさない非適格合併である場合には合併対価のうち一定の金額について被合併法人の株主にみなし配当課税が生じます。また、合併の対価に現金が含まれる場合には株式譲渡損益が生じますが、合併対価が合併法人の株式のみである場合には株式譲渡損益は生じません（措法37の10③一）。

2 非居住者株主の日本での課税関係について

非居住者は国内源泉所得を有する場合に日本において所得税が課され

ます。

国内法人からの配当はみなし配当も含めて国内源泉所得に該当します(所法161①九)。また、国内法人株式の譲渡所得は、国内にある資産の譲渡により生ずる所得として政令に定められたものが国内源泉所得に該当する為、不動産関連法人株式の譲渡や事業譲渡類似株式の譲渡等が国内源泉所得に該当します（所法161①三、所令281)。

合併が適格合併の場合には、株主にみなし配当や株式譲渡損益は生じない為、非居住者株主に日本で課税は生じません。

合併が非適格合併の場合には、被合併法人の非居住者株主に生じるみなし配当が国内源泉所得に該当し、源泉分離課税の方法により所得税が課されます（所法161①九、164②二)。

また、合併対価に金銭等が含まれる場合で被合併法人株式が不動産関連法人株式や事業譲渡類似株式等に該当する場合には、株式譲渡益は国内源泉所得となり所得税の課税の対象となります（所令281、措法37の12)。

なお、租税条約により配当に係る源泉税率（20.42%）の引下げや、株式譲渡に係る課税権の変更が生じる場合もあるため、日本と非居住者株主の居住地国との間で締結されている租税条約の確認が必要となります。

3 吸収合併に伴う非居住者株主の居住地国での課税関係について

国内法人間で組織再編が行われた場合に、非居住者株主は日本のみならずその非居住者の居住地国でも課税が生じる可能性があります。吸収合併が行われた場合、被合併法人株主は被合併法人株式を引渡し、それと引換えに合併法人株式等の対価を受領するため、これらの取引による居住地国での課税関係の確認が必要となります。

例えば、非居住者株主の居住地国が米国であるとすると、連邦税においては一定の要件を満たした合併が行われた場合には株主には課税が生じない取扱いとなっています。一方で、被合併法人の株主が対価として金銭等を受け取った場合には米国で課税が生じるケースがあります（内国歳入法1031（b））。また、連邦税とは別に州税がかかり、各州でそれぞれ規定が設けられているため、その取扱いについて株主が居住する州ごとに確認が必要となります。

4 二重課税の調整について

非居住者は国内源泉所得に該当する所得がある場合には日本で課税されます。それに加えて、その非居住者の居住地国でも課税される場合、二重課税が生じる可能性があります。

二重課税が生じないように、日本とその居住地国との間で締結されている租税条約に基づいて課税権を分配し、それでもなお二重課税が生じる場合には、外国税額控除の適用等により二重課税を調整します。

5 米国居住株主がいる場合の通知義務について

国内法人の個人株主に米国居住者がいる場合で、国内法人間で米国居住者である株主の保有割合が10％超である等の一定の要件を満たす組織再編が実施され、米国居住者である株主に株式の割当が行われるときには、米国証券法の適用を受ける場合があるため注意が必要です。当該規制は国内法人間の組織再編の場合であっても対象となります。

米国証券法の適用を受ける場合には、SEC（米国証券取引委員会）にForm F-4の提出が必要となります。Form F-4の提出には財務諸表等の多くの書類の作成が必要となり、相当の準備期間を要します。そのため、米国居住者である株主がいる国内法人が組織再編を実施する際は、必要となる手続や準備期間について事前の検討が必要となります。

国内法人の配当時の非居住者株主に対する課税

Q4-2 株主に日本の非居住者がいる国内法人が配当を行った場合の非居住者株主に対する課税関係について教えてください

ポイント

- ■　国内法人からの剰余金の配当等は国内源泉所得に該当し、日本において20.42%の税率による源泉徴収の対象となる。また、日本と非居住者の居住地国との間の租税条約に基づいた課税関係の確認が必要となる
- ■　非居住者の居住地国においても課税が生じる場合がある
- ■　日本と非居住者の居住地国の双方で課税が生じる場合には外国税額控除の適用の検討が必要となる

【回答】

課税関係は株主の個人・法人の区分、また、恒久的施設（PE）の有無により異なります。以下では、非居住者株主は日本国内にPEが無い個人であることを前提として解説します。

1　非居住者株主が受け取る配当に対する日本での課税関係について

非居住者は日本において国内源泉所得に対して所得税が課され、剰余金の配当等は国内源泉所得とされています（所法161①九）。そのため、

非居住者が国内法人から剰余金の配当等を受ける場合には、日本で課税がされます。非居住者が日本国内にPEを有しない個人である場合には、国内法人から受け取る剰余金の配当等は源泉分離課税により課税され、その適用税率は20.42%となります（所法164②、213①）。

なお、非居住者株主の居住地国と日本で締結されている租税条約により源泉税率の引下げが行われている場合があるため、租税条約の確認が必要です。例えば、非居住者株主の居住地国が米国である場合、日米租税条約により日本における源泉税率は10%に制限されます（日米租税条約10）。

2 非居住者株主が受け取る配当に対する居住地国での課税関係について

国内法人が配当を行った場合に、非居住者株主には日本のみならずその居住地国においても課税が生じる可能性があります。そのため、居住地国での課税関係も確認が必要です。

例えば、非居住者株主の居住地国が米国である場合、連邦税において米国居住者は全世界課税方式により課税がされます。そのため、国内法人からの剰余金の配当等についても米国で課税されます（詳細は**Q5-7** 2 参照）。

3 二重課税の調整について

非居住者株主が受け取る国内法人からの剰余金の配当等は、上記1及び2に記載の通り日本及び非居住者株主の居住地国で課税され、日本と海外の双方で課税が行われる場合があります。

二重課税が生じる場合には、外国税額控除の適用等により二重課税を調整することが出来ます。

外国子会社を保有している国内法人が組織再編等を行う場合の留意点

Q4-3 外国子会社株式を保有している国内法人が、グループ内で組織再編や株式の譲渡を行うことによって外国子会社株式が移転する場合に、税務面で留意が必要となる点を教えてください

ポイント

■　外国子会社株式の移転により生じる株式譲渡損益に対して日本で課税が行われる。なお組織再編税制やグループ法人税制の適用により譲渡損益の計上が繰り延べられるケースがある

■　外国子会社の株主に変更がある場合には、外国子会社所在地国においても課税が生じるケースがある。日本だけではなく外国子会社所在国の課税関係も検討が必要となる

■　外国における株式譲渡益課税の取扱いについては**Q4-4**を参照。日本で課税が繰り延べられる場合でも、外国で課税されるケースがある

■　株式譲渡益に対して日本と外国で課税が生じる場合、外国税額控除等により調整を行うことが出来る

【回答】

1 外国子会社株式が絡む再編の具体的なケースと留意点

事業承継の過程で、会社の統合・分割や持株会社の設立など、グループ内の組織再編や株式譲渡（以下、「組織再編等」という。）が行われるケースがあります。外国子会社株式を保有している国内法人が組織再編等を行った際に外国子会社株式が移転する場合、日本で株式譲渡益課税が生じるだけではなく、外国子会社の所在地国においても株式譲渡益課税が生じるケースがあるため、留意が必要です。具体的には以下のケースに留意が必要です。

① グループ内の法人間で外国法人株式を譲渡により移転するケース

② 合併の消滅会社となる会社が外国子会社株式を保有しているケース

③ 会社分割で移転する資産の中に外国子会社株式が含まれているケース

それぞれのケースの課税関係は下記の通りです。

2 各ケースの課税関係

(1) 株式譲渡による移転

グループ会社間で外国子会社株式を譲渡する場合の課税関係は以下の通りです。

① 日本の課税関係

売主となる国内法人で計上される株式譲渡益に対して日本で課税されます（法法61の2①）。完全支配関係（100％親子関係等の一定の関係）がある国内法人間の株式譲渡で、外国法人株式が譲渡損益調整資産（有価証券等の一定の資産のうち、譲渡直前の帳簿価額が

1,000万円以上のもの）に該当し、グループ法人税制が適用される場合には、株式譲渡損益の計上が繰り延べられます（法法61の11、法令122の12）。

株式譲渡益に対して外国子会社の所在地国でも課税が行われている場合は、一定の限度額の下で外国税額控除により日本と外国の二重課税を調整することが出来ます（法法69、法令141～148)。外国税額控除によって控除できる金額は、以下の（ア）と（イ）のいずれか小さい額とされています。

（ア）当期に納付した控除対象外国法人税（所得に対して課される外国法人税で35％超の部分を除く。）

（イ）以下の算式に基づいて計算した金額

$$\text{当期の全世界所得に対する法人税額} \times \frac{\text{当期の国外所得金額（全世界所得金額×90％が上限）}}{\text{当期の全世界所得金額}}$$

当期の控除対象外国法人税と控除限度額が一致しない場合に生じる控除不足額又は控除余裕額は、3年間繰越して使用することが出来ます（法法69②③)。

② 外国子会社所在地国の課税関係

外国法人の株式を譲渡する場合、外国子会社の所在地国で株式譲渡益課税が行われるケースがあります。外国での課税の有無や取扱いは**Q4-4**に記載のように国ごとに異なるため、国ごとの税法の確認が必要となります。

また、株式譲渡益課税以外に、印紙税課税の有無、株主の変更に伴う欠損金の繰越制限が生じるケースがあるため、それらの取扱いについてもそれぞれの国で確認が必要となります。

(2) 合併による移転

国内法人同士で合併する際に、消滅会社（被合併法人）となる国内法人が外国子会社株式を保有している場合の課税関係は以下の通りです。

① 日本の課税関係

国内法人間の合併が、税制適格要件と呼ばれる一定要件を満たす適格合併に該当する場合には、消滅会社の資産負債は帳簿価額で存続会社に移転する為、外国子会社株式の移転に際して日本で株式譲渡益課税は生じません（法法62の2）。なお、税制適格要件を満たさず非適格合併となる場合は、消滅会社の資産負債は時価で存続会社に移転する為、外国子会社株式の移転に際して日本で株式譲渡益課税が生じます。ただし、上記（1）の株式譲渡と同様に、グループ法人税制が適用される場合は、株式譲渡損益の計上が繰り延べられます。

また、株式譲渡益に対して外国子会社の所在地国においても課税が行われている場合は、一定の限度額の下で外国税額控除により日本と外国の二重課税を調整することが出来る点も（1）①に記載の取扱いと同様です。

② 外国子会社所在地国の課税関係

外国子会社の所在地国の課税関係は現地の税法に従って判断します。そのため、日本で税制適格要件を満たしており課税が生じない場合であっても、外国子会社の所在地国で株式譲渡益課税が生じることがあります。外国の取扱いは、**Q4**-4に記載のように国ごとに取扱いが異なるため、国ごとの確認が必要となります。

(3) 会社分割による移転

国内法人同士で会社分割を行う際に、分割事業で移転する資産の中に外国子会社株式が含まれている場合の課税関係は以下の通りです。

① 日本の課税関係

合併と同様に会社分割についても、税制適格要件と呼ばれる一定要件を満たす適格分割に該当する場合には、資産負債が帳簿価額で分割承継法人に移転する為、海外子会社株式の移転に際して日本で株式譲渡益課税は生じません（法法62の2、62の3)。なお、税制適格要件を満たさず非適格分割となる場合は、分割法人の資産負債は時価で分割承継法人に移転する為、外国子会社株式の移転に際して日本で株式譲渡益課税が生じます。上記（1）の株式譲渡と同様に、グループ法人税制が適用される場合は、株式譲渡損益の計上が繰り延べられます。

②　外国子会社所在地国の課税関係

外国子会社の所在地国の課税関係は現地の税法に基づいて判断する為、日本で税制適格要件を満たしており課税が生じない場合でも外国子会社所在地国で株式譲渡益に対して課税が行われるケースがある点は合併と同様です。こちらも国ごとに取扱いが異なるため、国ごとの確認が必要となります。

外国子会社株式を移転する場合の外国子会社所在地国における課税関係

Q4-4 外国子会社株式を有する国内法人が、当該外国子会社株式を譲渡等により移転する場合における外国子会社所在地国における株式譲渡益課税の概要を教えてください

ポイント

- ■ 外国子会社株式の移転時に外国子会社所在地国で株式譲渡益課税が生じるケースがあるため、所在地国の税法及び租税条約の確認が必要となる
- ■ 日本で課税が生じない場合でも、外国子会社所在地国で課税が生じるケースがある
- ■ 中国では株式譲渡益に対して原則として10%の税率で課税が行われる。一定の要件を満たす場合には譲渡益課税を繰延べることが出来る
- ■ ベトナムでは株式譲渡益に対して原則として20%の税率で課税が行われる
- ■ シンガポールでは資本取引に該当する株式譲渡益に対して課税はされない
- ■ 米国では原則として非居住法人の株式譲渡益に課税はされない。ただし米国不動産所有法人の株式譲渡益は課税される

【回答】

1　海外現地における課税の取扱いの概要

Q4-3で記載した通り、国内法人が保有する外国子会社株式を移転する場合、外国子会社の所在地国において株式譲渡益に課税が行われるケースがあります。外国での課税の取扱いは国ごとに異なるため、所在地国の税法の確認が必要です。グループ法人税制や組織再編税制の適用により日本で課税が生じない場合でも、外国子会社所在地国で課税が生じるケースがあります。

また、課税関係の整理を行う際は、租税条約によって課税権が変更されることもあるため、所在地国の税法に加えて租税条約の確認も必要となります。

2　国別の株式譲渡益課税の解説

以下、日本法人が行う外国法人株式移転時の外国側の課税について、中国、ベトナム、シンガポール、米国を例にとって解説します。

なお、本Qにおいて株式移転元である国内法人は、外国子会社所在地国に恒久的施設（PE）を有していないものとします。

(1)　中国の取扱い

中国の非居住法人が中国法人株式を譲渡する場合、株式譲渡益に対して10%の税率で企業所得税が課税されます。株式譲渡時の譲渡価格は、税務局から時価の根拠資料として資産評価士による資産評価報告書が求められるケースがあります。

租税回避が主目的でない、主な支払対価が株式である等の一定の要件を満たしている場合には、帳簿価額で資産を移転し株式譲渡益課税を繰り延べることが出来ます（特殊性税務処理）。当該処理を行う旨の届出は再編の実行後に行うことになり、また、適用要件を充足しているかどうかの判断は税務局に委ねられているため、適用可否の判断は税務局への事前照会等も検討し慎重に行う必要があります。

日本と中国の間の租税条約では、源泉地国である中国の課税権は制限されていません（日中租税条約13）。

(2) ベトナムの取扱い

ベトナムの非居住法人が資本譲渡（資本譲渡とは非公開会社の持分を譲渡する場合と解されている。）を行う場合、持分譲渡所得に対して20%の税率で課税が行われます。

なお日本とベトナムの間の租税条約では、株式の譲渡所得について、不動産化体株式及び事業譲渡類似株式についてのみ源泉地国で課税権があるとされています。そのため、財産が主としてベトナムに所在する不動産から構成される法人の株式を譲渡する場合や、発行済株式の25%以上を保有しているベトナム法人の株式について発行済株式の5%以上を譲渡する場合には、ベトナムで課税されます。株式譲渡がこれらに該当しない場合には、租税条約の適用によりベトナムで課税は生じません（日越租税条約13）。

(3) シンガポールの取扱い

シンガポールでは資本取引に該当する株式譲渡益（キャピタルゲイン）には課税されません。そのためシンガポールの非居住法人がシンガポール法人株式を譲渡する場合で、株式譲渡が資本取引に該当するケースでは、シンガポールで株式譲渡益に対する課税は生じません。一方、株式譲渡が資本取引に該当しないケースでは、株式譲渡益に対して17%の税率で課税が行われます。

株式譲渡が資本取引に該当するか否かの判断は、原則として株式の保有期間、取引の頻度、取得の動機、譲渡理由等を踏まえて総合的に行われます。なお2027年12月末までの特例措置として、株式譲渡前の2年以上の期間にわたって20％以上の株式保有比率を維持している株式譲渡については、当該譲渡から生じる株式譲渡益を資本取引から生じたものとみなす措置が設けられています。

(4) 米国の取扱い

米国の非居住法人が米国法人株式を譲渡する場合、原則として株式譲渡益に対して米国で課税は行われません。ただし、株式譲渡益が実質的に米国での事業と関連している場合には米国で課税されます。

また、法人の総資産に占める米国不動産の割合が50%以上の法人の株式（米国不動産持分）の譲渡益は米国で課税されます。日本と米国の間の租税条約においても米国不動産持分の譲渡所得は米国に課税権があると定められています（日米租税条約13)。

外国子会社から配当を受ける場合の日本の税務上の留意点

Q4-5 外国子会社から配当を受ける場合の日本の税務上の留意点を教えてください

ポイント

以下の2つの税制について留意が必要である。

■　外国子会社配当益金不算入：発行済株式等の25%以上を6か月以上保有する外国子会社からの配当は95%が益金不算入となる(所在地国で損金算入される配当は除く。)。

■　子会社株式簿価減額特例：外国子会社からその外国子会社株式の帳簿価額の10%超の配当を受けた場合、外国子会社株式の帳簿価額が益金不算入となった配当相当額分減額される可能性がある

【回答】

外国子会社からの配当は、一定の要件を満たす場合とその配当の95%が益金不算入となる等、日本子会社から配当を受ける場合と異なる論点が生じます。

また、子会社からの配当が益金不算入となる場合には子会社株式簿価減額特例が適用される可能性があります。

1 外国子会社配当益金不算入制度

（1）制度の内容

外国子会社配当益金不算入制度は、国内法人が発行済株式等（自己株式は除く。）の25%以上を配当等の支払義務確定日以前6か月以上継続して保有する外国子会社から配当を受ける場合に、その配当等の額の95%相当額が益金不算入となる制度です（法法23の2①、法令22の4②)。

これは、外国子会社はその所在地国で利益に対する課税を受けており、その利益からの配当については二重課税の調整のため益金不算入とする趣旨です。そのため、所在地国で損金算入される配当は本制度の適用対象とはなりません。

また、保有割合要件について、外国子会社が所在している国との間で締結されている租税条約により25%と異なる割合が定められている場合は、租税条約で定められた割合によって同制度の適用有無を判定します（例えば、アメリカ子会社の保有割合要件は10%（日米租税条約23①(b)、フランス子会社の保有割合要件は15%（日仏租税条約23②(b))。

（2）株式取得直後に配当を受けるケース

前述の通り、外国子会社配当益金不算入制度は外国法人株式の25%以上を6か月以上保有している場合に適用されます。そのため、例えば、国内法人がM&Aや組織再編により外国法人株式を取得した直後に当該外国法人から配当を受ける場合、配当に対して課税が生じてしまうので留意が必要です。

（3）配当に係る外国源泉税等の取扱い

「外国子会社配当益金不算入制度」の適用を受ける配当については二重課税が生じていないため、当該配当に係る外国源泉税等の額は、外国税額控除の対象とならず（法令142の2⑦三)、また、損金算入もされません（法法39の2）。

なお､他に生じた外国法人税等について外国税額控除を適用する場合、控除限度額の計算にあたっては、外国子会社から受けた配当等の額のうち益金の額に算入された金額（＝配当等の5%相当額）は国外所得金額に含まれます。

2 子会社株式簿価減額特例

(1) 制度の内容

① 概要

子会社株式簿価減額特例は、日本親会社が発行済株式等の50%超を有する等一定の支配関係（以下、「特定支配関係」という。）がある子会社から、その子会社株式の帳簿価額の10%相当額を超える配当等を受ける場合(注)において、その受けた配当のうち益金不算入となった金額を子会社株式の帳簿価額から減額する制度です（法令119の3⑩）。

(注) 同一事業年度中にその子会社から受けた他の配当（以下、「同一事業年度内配当等の額」という。）がある場合には、それも合算して判定します。

② 適用除外

子会社株式簿価減額特例は、次のいずれかに該当する場合には適用されません（法令119の3⑩一～四）。

イ 内国株主割合要件（子会社が国内法人の場合に限る）

当該子会社の設立時からその子会社との間に最後に特定支配関係を有することとなった日（以下、「特定支配日」という。）までの期間を通じて、その発行済株式等の90%以上を国内法人及び日本居住者が有している場合

ロ　特定支配日利益剰余金額要件

当該子会社の配当後の利益剰余金の額が特定支配日の利益剰余金の額以上である場合

ハ　10年超保有要件

特定支配日から配当等の額を受ける日までの期間が10年を超える場合

ニ　金額要件

配当等の額（同一事業年度内配当等の額を含む）が2,000万円以下の場合

(2) 具体例

＜前提＞

国内法人P社は3年前に中国子会社S社の発行済株式の全てを買収により取得した。その後P社は、S社から5,000万円の配当を受けた。配当を受ける直前におけるS社株式簿価は1億円であり、配当時に中国において10％の源泉徴収がされている。

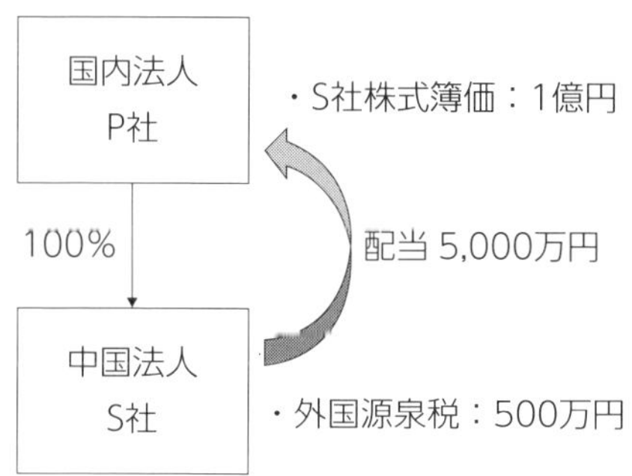

＜課税関係＞

国内法人P社は中国子会社S社の発行済株式等の25％以上を6か月以上継続して保有しているため、S社からの配当5,000万円については「外国子会社配当益金不算入制度」が適用され、その95％相当額である4,750

万円が益金不算入となります。

中国において課税された外国源泉税500万円については外国税額控除の対象とならず、損金算入もされません。

P社が受ける配当の額は5,000万円で、S社株式簿価の10%相当額である1,000万円を超えるため、適用除外要件を満たさない限り「子会社株式簿価減額特例」が適用されます。その結果、P社が保有するS社株式簿価は、益金不算入となった4,750万円減額され5,250万円となります。

以上をまとめると下記の通りです。

・外国子会社配当益金不算入制度による益金不算入額

：5,000万円－5,000万円×5%＝4,750万円

・外国源泉税等の損金不算入額：500万円

・配当後のS社株式簿価：1億円－4,750万円＝5,250万円

外国子会社が清算する場合の日本の税務上の留意点

Q4-6 外国子会社が清算する場合の日本親会社の税務上の留意点を教えてください

ポイント

■　清算に当たり残余財産の分配を受ける場合、分配額のうち、分配額に対応する資本金等の額を超える部分はみなし配当、残りの部分の金額は株式譲渡対価となる。この際、外貨でみなし配当・対応資本金等の計算を行い、残余財産の分配を受けた日のレートで円貨換算するのが合理的と考えられる

■　清算する外国子会社の発行済株式等の25%以上を6か月以上保有している場合、みなし配当に対して外国子会社配当益金不算入制度が適用されその95%が益金不算入となる。また、株式譲渡損益は益金又は損金の額に算入される

■　外国子会社清算のために日本親会社が債務免除などの損失負担をする場合には、その損失負担額が寄附金に該当する可能性がある

■　清算時に外国子会社合算税制による合算課税が生じることがあるので留意が必要である

【回答】

事業承継の実行に当たり、資本関係の整理などの目的で外国子会社を清算するケースがあります。

外国子会社を清算する場合、残余財産の分配に係るみなし配当・株式譲渡損益の計算について外国法人特有の論点が生じます。

また、以下の項目についても留意が必要です。

✓　外国子会社の清算時に日本親会社が債権放棄などの損失負担をする場合、その損失負担が日本親会社の所得の計算上寄附金に該当するかどうか

✓　外国子会社清算時に、外国子会社合算税制による合算課税が生じるかどうか

1 みなし配当と株式譲渡損益

(1) みなし配当と株式譲渡損益

国内法人が子会社等の清算に伴って受けた残余財産の分配額が、その清算法人の資本金等の額のうち保有株式に対応する部分の金額（以下、「対応資本金等の額」という。）を超える場合は、その超える部分の金額は実質的に剰余金の配当と変わらないと考えられるため、みなし配当として剰余金の配当等と同様の課税を受けることとなります（法法24①四）。したがって、清算した法人が外国法人でその発行済株式等の25%以上を6か月以上保有している場合、「外国子会社配当益金不算入制度」が適用され、みなし配当の95%が益金不算入となります（法法23の2①）。

また、分配額からみなし配当の金額を控除した金額は株式譲渡対価の額となり、保有している清算法人株式の帳簿価額との差額が譲渡損益としてその事業年度の所得となります（法法61の2①）。

・みなし配当の金額の算定（解散による残余財産の分配の場合）

みなし配当＝残余財産の分配額－対応資本金等の額※

※　対応資本金等の額＝清算法人の分配直前の資本金等の額×$\dfrac{\text{保有する清算法人株式数}}{\text{清算法人の発行済株式数}}$

外国子会社が清算するケースでは円貨換算のタイミングが論点となりますが、外貨でみなし配当・対応資本金等の計算を行い、残余財産の分配を受けた日のレートで円貨換算するのが合理的と考えられます。

また、みなし配当の計算に当たっては外国子会社の資本金等の額を把握しなければなりませんが、外国子会社といえども資本金等の額は日本法令に基づき計算する必要があります。外国子会社を買収したケースなど、過去に遡って資本金等の額を算定することが困難なこともありますが、このようなケースにおいては外国子会社の決算書上の資本金や資本剰余金から資本金等の額を合理的に推定せざるを得ないでしょう。

なお、100%保有している日本子会社が解散する場合、親会社において株式譲渡損益は所得とならず（法法61の2⑰）、一定の要件のもと子会社の欠損金が引き継がれますが（法法57②）、100%保有している外国子会社が解散する場合には、株式譲渡損益は所得となり、欠損金の引き継ぎはありません。

(2) 具体例

＜前提＞

国内法人P社は5年前に100%子会社として米国法人S社を資本金70万ドル（1ドル＝100円）で設立した。今般、S社は清算し、P社は残余財産の分配として100万ドル（1ドル＝150円）を受領した。残余財産分配前のS社の資本金等の額は40万ドル、利益剰余金は60万ドルである。

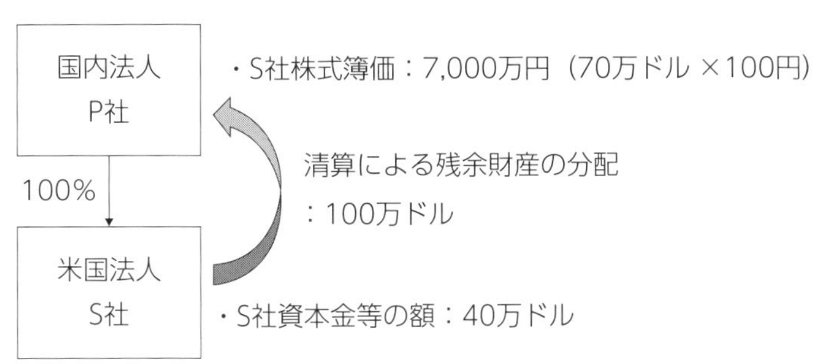

<課税関係>

P社がS社から分配を受けた残余財産100万ドルのうち、対応資本金等の額40万ドル（=40万ドル×100%）を超える部分の金額である60万ドル（=100万ドル−40万ドル）がみなし配当の額となり、残余財産の分配額100万ドルからみなし配当60万ドルを控除した40万ドルが株式譲渡対価の額となります。

P社はS社株式の全てを5年間に渡って保有していますから、外国子会社配当益金不算入制度が適用されみなし配当の95%が益金不算入となります。

また、P社はS社株式をその設立時から保有しており、みなし配当は支配獲得後の利益からの配当となり、特定支配日利益剰余金額要件を満たす（**Q4-5** 参照）と考えられるため、本設例において子会社株式簿価減額特例の適用はないものとします。

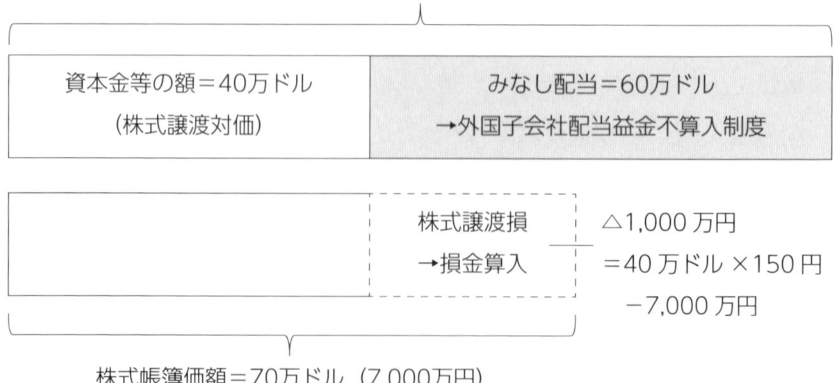

・みなし配当の額：60万ドル×150円＝9,000万円→外国子会社配当益金不算入制度の適用により、95%相当額の8,550万円が益金不算入

・株式譲渡損益の額：40万ドル×150円−7,000万円＝▲1,000万円→損金算入

2 子会社等に対する損失負担に係る寄附金課税

外国子会社の清算に当たり、日本親会社が債権放棄、債務引受等の損失負担を行うケースがあります。これらの損失負担は原則として外国子会社に対する寄附金となり、日本親会社の所得の計算上損金不算入となります。

しかしながら、法人が子会社の解散に伴い、債務引受等の損失負担をした場合において、その損失負担をしなければ今後より大きな損失を蒙ることになるためにやむを得ず損失負担を行ったと認められるときは、その損失負担に経済合理性があると考えられるため、負担した損失額は寄附金の額に該当しないものとする旨の通達があります（法基通9-4-2）。

経済合理性の有無の判断に当たっての具体的な検討項目は国税庁タックスアンサーに公表されている「子会社等を整理・再建する場合の損失負担等に係る質疑応答事例等」が参考になります。

3 外国子会社清算時における外国子会社合算税制

(1) 概要

外国子会社合算税制は、国内法人が外国関係会社（居住者・国内法人等が合計で50%超保有している外国法人）の発行済株式等の10%以上を保有する場合に、外国関係会社の区分に応じてその所得の全部又は一部を国内法人の所得に合算して課税する制度です（措法66の6）。

合算課税の対象となる所得の範囲は外国関係会社の区分によって異なります。

・外国関係会社の区分と合算対象となる所得

外国関係会社の区分	要件	合算対象となる所得
特定外国関係会社	ペーパーカンパニー、キャッシュボックス、ブラックリスト国所在法人のいずれかに該当する外国関係会社	全所得 ・租税負担割合27%以上の場合は適用免除
対象外国関係会社	経済活動基準のいずれかを満たさない外国関係会社	全所得 ・租税負担割合20%以上の場合は適用免除
部分対象外国関係会社	特定外国関係会社又は対象外国関係会社に該当しない外国関係会社	受動的所得 ・租税負担割合20%以上の場合は適用免除

外国子会社清算時においては、①外国子会社の租税負担割合が20%（ペーパーカンパニー等の場合は27%(注)。以下、「トリガー税率」という。）未満となってしまうケース、②損失負担等による債務免除益等が受動的所得となるケース、③清算が長引いた場合に経済活動基準の判定に影響を及ぼすケースに留意が必要です。

（注） 2024年3月31日以前に開始する国内法人の事業年度は30%

(2) 清算時に外国子会社の租税負担割合がトリガー税率を下回ってしまうケース

外国子会社の租税負担割合がトリガー税率を下回る場合には、その外国子会社の全所得又は受動的所得が合算課税の対象となります。

・租税負担割合の算定

$$租税負担割合=\frac{外国関係会社の所得に対して課される租税の額}{当該所得の金額}$$

租税負担割合の計算上、外国関係会社所在地国の法令により所得の金額に含まれないこととされている額（非課税所得の額）は分母に加算されることとされているため（措令39の17の2①イ（1））、例えば、清算過程において親会社が債権放棄を行ったことにより外国子会社で生じる債務免除益等が所在地国で非課税となる場合には、所在地国の実効税率がトリガー税率を上回る場合であっても、租税負担割合がトリガー税率を下回ってしまうことがあるため留意が必要です。

(3) 損失負担等による債務免除益が受動的所得となるケース

租税負担割合が20%未満かつ経済活動基準の全てを満たす外国関係会社は、部分対象外国関係会社として、経済実体を伴わない所得、いわゆる受動的所得のみが合算課税の対象となります（措法66の6⑥）。

多額の債務免除益が生じるようなケースにおいては、当該債務免除益の一部が「異常所得」に該当し、受動的所得として合算課税の対象となるケースがあるため留意が必要です。

「異常所得」とは、外国関係会社の規模等の経済実態に照らせば通常生じないと考えられる所得をいい、下記の計算式によって計算されます。

（計算式）異常所得の計算

・異常所得＝調整後所得－所得控除額

・調整後所得＝会計上の当期純利益の額－異常所得以外の部分合算対象所得の額

・所得控除額＝（総資産の額＋人件費の額＋減価償却累計額）×50%

(4) 清算が長引いた場合に経済活動基準の判定に影響を及ぼすケース

外国子会社合算税制の適用に当たり、経済活動基準の充足判定は事業年度を通じて行うこととされています。したがって、事業停止～清算結了までの期間が長期に及ぶケースにおいては、事業停止前は経済活動基準を満たし、合算課税の適用対象外であったとしても、事業停止後に経済活動基準を満たせず、合算課税の対象となってしまう場合があるため留意が必要です。

外国法人が組織再編を行う場合の居住者株主に対する課税関係

Q4-7 外国法人が組織再編を行う場合の居住者株主に対する日本の課税について教えてください

ポイント

- 外国法人が組織再編を行う場合、その居住者株主に対する日本の課税の考え方は国内法人が組織再編を行う場合と同様であるが、外国法令に準拠した組織再編が日本の法人税法上の組織再編に該当するか否か、また、適格組織再編に該当するか否かの検討が必要となる
- 外国法令に準拠した組織再編が日本の会社法上の組織再編に相当する法的効果を有している場合には、日本の法人税法上の組織再編に該当すると考えられる
- 外国法令に準拠した組織再編が日本の法人税法上の適格組織再編に該当するか否かは日本の法人税法に基づいて判断することとなる

【回答】

1 法人税法上の組織再編の意義

日本の法人税法には、「合併」・「分割」・「株式交換」等のいわゆる組織再編に関する定義は無く、外国法令に準拠して行われる組織再編がその範囲から除外されているわけではありません。

外国法令に準拠した組織再編が、日本の法人税法上の組織再編に該当するか否かについて、日本の法人税法上の取扱いが明確になっていないことから、現行の実務上は国税庁の文書回答事例[1]や日本租税研究会の報告書[2]などを参考にして個別の事案ごとに検討することとなります。

文書回答事例などを参照すると、外国法令に準拠した組織再編が日本の会社法上の組織再編に相当する法的効果を有しているのであれば、日本の法人税法上の組織再編に該当するものと考えられます。

例えば、日本の会社法上の合併は、以下の①、②の法的効果を有していますから、外国法令に準拠した合併について検討する場合には、その合併が以下の①、②の法的効果を有しているのかどうかを検討することとなります。

①消滅会社の権利義務の全部が存続会社に包括承継されること

②消滅会社は清算手続を経ることなく自動的に解散して消滅すること

そして検討の結果、外国法令に準拠した合併が①、②の法的性質を有しており、日本の法人税法上の合併に該当することとなった場合には、その合併が適格要件を満たすのか等について日本の法人税法に基づいて課税関係の検討を進めていきます。

ところで、外国法令に準拠した合併が日本の法人税法上の合併に該当しないこととなった場合には、課税上どのように取り扱うのでしょうか。

日本の法人税法上の合併に該当しないということは、組織再編に係る特別な取扱いはされないということになりますから、純粋な資産負債の移転取引等として課税関係を検討することになると考えます。

1　国税庁文書回答事例「英国子会社がオランダ法人と行う合併の取扱いについて」（平成31年2月18日）

2　日本租税研究協会「外国における組織再編成に係る我が国租税法上の取扱いについて」（平成24年4月9日）

2 文書回答事例「英国子会社がオランダ法人と行う合併の取扱いについて」の概要

外国法令に準拠した組織再編の検討に当たっては、国税庁より公表されている文書回答事例「英国子会社がオランダ法人と行う合併の取扱いについて」が参考になりますから、以下に文書回答事例の概要を記載します。

(事例の概要)

当社は英国法人B社及びオランダ法人C社の発行済株式の全てを保有しており、B社の事業をC社に移転するため、C社がB社を吸収合併する予定です（以下、「本件合併」という。）。

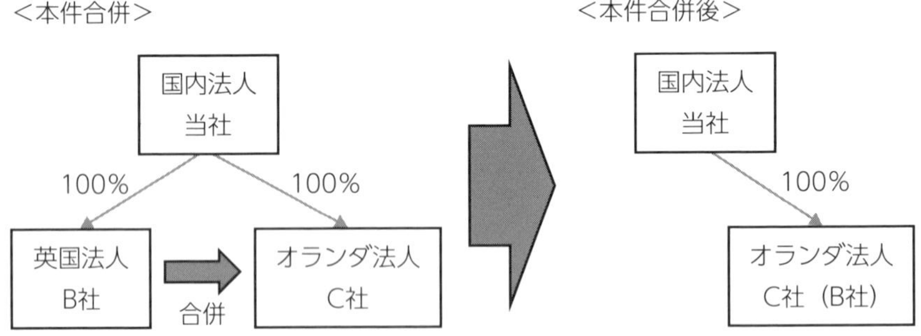

(前提となる事実関係)

① 当社は英国法人B社及びオランダ法人C社の発行済株式の全てを保有している。

② C社を合併法人、B社を被合併法人とする本件合併を行う。

③ 本件合併に当たり、被合併法人B社の株主である当社に対しては、C社株式以外の資産は交付されない。

④ 本件合併により、B社の合併直前の資産及び負債の全てをC社が引き継ぐ。

⑤　当社は本件合併後においてC社の発行済株式の全てを継続して保有する見込みである。

⑥　本件合併は英国及びオランダの各国内法を準拠法として行われる。

(本件合併に係る課税関係)

本件合併は英国及びオランダの各国内法に準拠して行われるものであり、①被合併法人から合併法人への全ての資産及び負債の包括承継、②清算手続きを経ない被合併法人の自動的消滅という効果が生じ、日本における組織再編と同様の本質的要素を備えるものと認められますので、日本の法人税法上の合併に該当するものとして取り扱うことが相当であると考えられます。

そして、前提となる事実関係の通り、①本件合併前に被合併法人B社と合併法人C社との間に同一の者（当社）による完全支配関係があり、かつ、本件合併後に当社とC社との間に当社による完全支配関係が継続することが見込まれており、②本件合併に伴い、被合併法人B社の株主である当社に対しては合併法人株式（C社株式）以外の資産は交付されないため、本件合併は適格合併に該当すると考えられます（法法2十二の八)。

したがって、本件合併に伴い、当社においてみなし配当課税及び株式譲渡損益課税は生じないものと考えます。

外国子会社合算税制が適用されている外国子会社株式の移転

Q4-8 外国子会社合算税制（CFC税制）が適用されている外国子会社株式を移転する場合の留意点を教えてください

【設例】

国内法人J1社（3月決算）は自ら100%出資して設立した外国法人F社（12月決算）の株式を設立以来継続して100%保有しています。F社は設立以来一度も配当をしたことはありません。

F社は現地に事業を行うための事務所を有していますが、設立時から継続して経済活動基準を満たしておらず、租税負担割合は継続して0%であるため、外国子会社合算税制（以下、「CFC税制」という。）による会社単位の合算課税（全ての所得が合算課税）が適用されています。そのため、F社の全ての所得はJ1社の所得に合算して日本で課税されています。J1社において2015年3月期～2024年3月期までの間に合算課税の対象となったF社の所得は2,000です。

F社の2024年12月期における租税負担割合は0%であり、2024年12月期も経済活動基準を満たしていません。また、2024年12月期におけるF社の所得は150です。

この度、J1社は資本関係を整理して事業承継を円滑に進めるため、J1社は2024年11月1日にF社株式をグループ外部の国内法人J2社（3月決算）に譲渡することになりました。

本取引について、日本の税務上の留意点があれば教えてください。また、譲渡ではなく、組織再編によってF社株式を移転する場合との違いについて教えてください。

この設例における金額の単位は百万円とします。

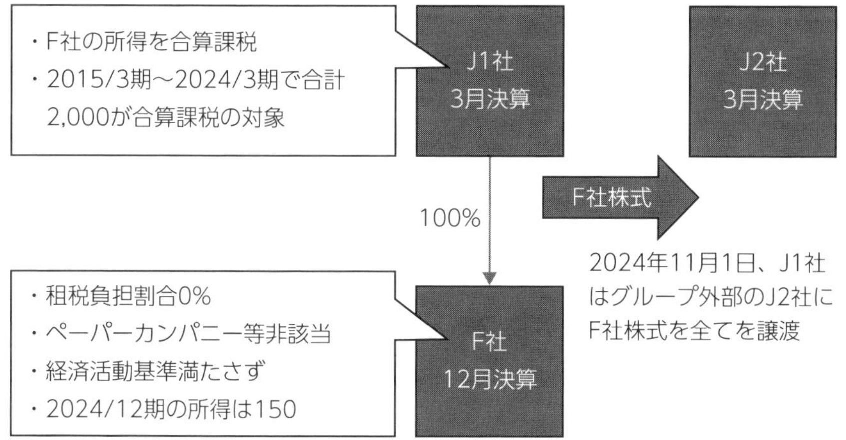

ポイント

■　CFC税制による合算課税が適用されている外国子会社株式を譲渡する場合、譲渡所得に対する課税上の特別な取扱いはない

■　CFC税制が適用されるのは、外国関係会社の事業年度終了の時において、その外国関係会社の発行済株式等を10%以上保有している内国法人である（措令39の20①）

■　会社単位の合算課税によって合算される所得の計算上、外国関係会社の欠損金は7年間繰り越すことができ、株主が変更されたとしても、繰り越した欠損金は引き継がれるものと考えられる（措令39の15⑤）

■　CFC税制によって合算課税の対象となった所得（特定課税対象金額）からの配当は100%益金不算入となるが、株主が変更された場合、旧株主の特定課税対象金額は新株主に原則として引き継がれない（措法66の8）

■　ただし、適格組織再編によって株主が変更された場合、特定課税対象金額の全部又は一部は旧株主から新しい株主に引き継がれる（措法66の8）

【回答】

1 譲渡所得に対する日本の課税

CFC税制による合算課税の適用を受けている外国子会社の株式譲渡であっても特別な取扱いはなく、その取扱いは合算課税が適用されていない外国子会社株式の譲渡と同様です。

したがって、J1社が行うF社株式譲渡によって生じた譲渡所得は、J1社の法人税の課税所得に含まれることとなります。

一方で、CFC税制については株式譲渡に際して検討すべき論点がありますので、以下その内容を記載します。

2 日本のCFC税制に関する論点

(1) CFC税制の適用判定

設例のケースにおいては、まず、誰がCFC税制の適用を受けるのかが論点となります。

国内法人が日本のCFC税制の適用対象となるかどうかの判定のタイミングは、外国関係会社（50%超を日本居住者等に保有されている外国法人等）の事業年度終了時となっています（措令39の20①）。

したがって、F社の2024年12月期の所得に関してCFC税制の適用対象となるのは、2024年12月31日時点でF社株式を保有しているJ2社になります。

外国関係会社の事業年度中の株主構成の変更は考慮されず、事業年度終了時の株主構成で判定が行われる点に留意が必要です。

(2) 合算課税の範囲の検討

次に、どの所得が合算課税の適用対象となるのかが論点となります。

ペーパーカンパニー等に該当しない外国関係会社が経済活動基準（現地事業に経済合理性があることの判定基準）を満たさず、租税負担割合20%未満の場合は、会社単位の合算課税が適用され外国関係会社の全ての所得が合算課税の対象となり、外国関係会社の決算日終了の翌日から2か月を経過する日を含む日本親会社の事業年度の所得とみなされ日本で課税されます（措法66の6①、②、⑤）。

設例のケースでは、F社は事務所を有しているためペーパーカンパニー等には該当しませんが、2024年12月期も経済活動基準を満たしておらず租税負担割合は0%であるため、F社の全ての所得がJ2社の所得とみなされ合算されます。

したがって、F社の2024年12月期の所得150は、J2社の2025年3月期（F社の事業年度終了の翌日から2か月を経過する日を含む事業年度）の所得とみなされJ2社の所得と合算して日本で課税されることとなります。

なお、外国関係会社の事業年度中の株主構成の変更がある場合でも、株式の所有期間に応じた所得の期間按分などは行われません。

(3) 外国関係会社の欠損金の取扱い

会社単位の合算課税が適用される外国関係会社の所得が欠損となる場合、その金額は合算所得の計算上7年間繰り越すことができます。この計算上繰り越した欠損金は、株主が変わった場合でも切り捨てられないと考えられます（措令39の15⑤）。

本設例のケースで、仮にF社が過去7年以内に開始した事業年度において生じた繰越欠損金を有していた場合、その繰越欠損金は消滅せず、

J1社が使いきれなかった繰越欠損金はJ2社が引き継いで使用できるものと考えます。

(4) 合算済所得からの配当の取扱い

外国関係会社が配当を行う場合、内国法人における二重課税を排除するため、合算課税の対象となった所得からの配当は益金不算入となります。

具体的には、次の①と②の合計額（以下、「特定課税対象金額」という。）に達するまでの外国関係会社からの配当は益金不算入となります（措法66の8）。

① 配当を受ける親会社の事業年度に合算課税の対象となった金額

② 配当を受ける親会社の事業年度開始の日前10年以内に開始した親会社の各事業年度において合算課税の対象となった金額から、この規定の適用を受けた配当金相当額を控除した金額（以下、「課税済金額」という。）

例えば、3月決算法人である親会社が2025年3月期に外国関係会社（親会社が設立）から配当を受領するものとし、親会社の2015年3月期～2024年3月期までの10事業年度の課税済金額及び2025年3月期に合算課税の対象となった金額の合計額が1,000だったとします。

この場合、親会社が外国関係会社から2025年3月期に受領する配当1,000は100%益金不算入となります（なお、このケースでは外国子会社配当益金不算入制度の適用があるため、1,000を超える部分があればその部分は95%益金不算入）。

ところで、この特定課税対象金額は、株主が変わった場合、旧株主から新しい株主には引き継がれず、0となってしまうため注意が必要となります。

本設例についていえば、J1社の特定課税対象金額2,000はJ2社には引き継がれません。

したがって、J2社が2025年3月期にF社から配当を受ける場合には、J2社の2025年3月期の所得として合算されるF社の2024年12月期の所得150が特定課税対象金額となり、F社から受ける配当のうち150までは100%益金不算入となります。

150を超える部分は、J2社がF社株式の25%以上を配当の支払義務確定日以前6か月以上継続保有している場合には、95%益金不算入となり、それ以外の場合には、全額益金算入されます。

状況によっては、譲渡前にF社がJ1社に配当を行う等の対応が必要になることも考えられます。

(5) 組織再編成で株式が移転した場合

適格合併、残余財産の全部を分配する適格現物分配によって外国関係会社株式が移転した場合、被合併法人等の適格合併等前10年以内に開始した各事業年度の課税済金額が合併法人等に引き継がれます（措法66の8⑤一）。

適格分割、適格現物出資、適格現物分配（残余財産の全部の分配を除く。）によって外国関係会社株式が移転した場合、分割法人等の適格分割等の日を含む事業年度開始の日前10年以内に開始した各事業年度の課税済金額のうち移転した外国関係会社株式に対応する部分が分割承継法人等に引き継がれます（措法66の8⑤）。

本設例の場合、F社株式が適格合併や適格分割等によってJ1社からJ2社に移転した場合、J1社の課税済金額の全部又は一部がJ2社に引き継がれることとなります。

第5章

海外居住親族への株式承継

海外居住親族へ国内法人株式を承継する場合の留意点

Q5-1 海外居住親族へ国内法人株式を承継する場合の留意点について教えてください。また、相続が発生する前に行う場合と、相続が発生した後に行う場合では留意する点は何か異なりますか

ポイント

■　海外居住親族へ国内法人株式を承継する方法は、「贈与・相続」、「譲渡」が考えられ、いずれの方法においても実行する場合、日本と居住地国、両方の税制を確認する必要がある

■　一定の要件を満たす場合、海外居住親族への贈与についても、「相続時精算課税制度」を選択することが可能である

■　相続が発生する前に国内法人株式を承継する場合、承継の時期及び方法は選択の余地があるが、相続発生後だと、国内法人株式の承継方法は相続に限定される

■　要件を満たす場合、海外居住親族への国内法人株式の承継であっても事業承継税制の適用を受けることが可能である

【回答】

1 海外居住親族に対する国内法人株式の承継方法

海外居住親族に対する国内法人株式の承継方法としては、「贈与・相

続」、「譲渡」の方法が考えられます。海外居住親族に対して、国内法人株式を「贈与・相続」、「譲渡」する場合には、日本の税制だけでなく、当該株式の承継先である海外居住親族の居住地国の税制も確認する必要があります。

日本の税制だけでなく、当該株式の承継先である海外居住親族の居住地国の税制も確認する必要がある理由としては、各国によって納税義務者及び課税対象資産の範囲が異なることや、現地での課税関係を加味せず、日本における課税関係の比較のみを行った場合、親族全体として最善の承継方法を選定することができない可能性があることが考えられます。例えば、贈与の場合、日本の税制では財産を受け取る側（受贈者側）に贈与税の納税義務が生じます。しかし、同じ贈与でも国によっては、贈与する側（贈与者側）に贈与税の納税義務が生じることもあります（具体的な現地での税制に関する説明は**Q5-4**参照）。

2　相続時精算課税制度の選択

海外居住親族に対して国内法人株式を「贈与」により承継する際に、一定の要件を満たす場合には、「暦年贈与」のほかに「相続時精算課税制度」による贈与（以下、「精算課税贈与」という。）を選択することができます。精算課税贈与をした場合、特定贈与者からの贈与財産のうち基礎控除額を超える部分の金額は、相続財産の価額に加算して相続税を計算することとなりますが、足し戻す金額は相続開始時の価額ではなく、贈与時の価額で足し戻しになることが特徴です。贈与時の価額をもって相続財産の価額に足し戻すため、相続による承継に比べて、事前に国内法人株式の財産額の見通しが立つことや、贈与時の税率が一律20％であることから、精算課税贈与は株式の承継の際に利用しやすいと考えられます。

また「相続時精算課税制度」は、相続税法により「贈与により財産を取得した者がその贈与をした者の推定相続人（その贈与をした者の直系卑属である者のうちその年一月一日において十八歳以上であるものに限る。）であり、かつ、その贈与をした者が同日において六十歳以上の者である場合には、その贈与により財産を取得した者は、その贈与に係る財産について（中略）規定の適用を受けることができる。」と定められています（相法21の9）。

このように、条文では「相続時精算課税制度」の適用を受けることができる者の要件として、贈与者と受贈者の親族関係及びそれぞれの年齢に制限を定めていますが、受贈者の居住地については制限がないため、海外居住親族に対する贈与であっても、その他の要件を満たしている場合には、精算課税贈与を選択することが可能です。

3 国内法人株式の承継を相続発生前に行う場合と、相続発生後に行う場合の各留意点

国内法人株式の承継を相続発生前に行う場合と、相続発生後に行う場合、それぞれ異なる点として、承継方法と承継時期が挙げられます。

まず、承継方法の違いについては、国内法人株式を相続発生前に承継する場合の承継方法は、先述の通り「贈与」、「譲渡」の方法を選択することができます。一方で、相続発生後は、国内法人株式の承継方法が「相続」に限定されます。

次に、承継時期について比較すると、相続発生前に国内法人株式の承継を行う場合、承継する時期に法的な制約がないため、贈与者及び受贈者の状況、承継する対象法人の業績等を加味して、適当な時期に承継を行うことが可能です。ただし、当事者にとって一番有利な承継方法・時期を判断する必要がある点に留意が必要です。一方で相続により国内法

人株式を承継する場合、原則として承継先は相続開始後10か月以内に決定する必要があり、国内法人株式の株価も相続発生日を基準として計算することとなることに留意が必要です。

また、相続発生前に国内法人株式の承継を行う場合と、相続により承継する場合に共通して、その他の要件を充足している場合には、事業承継税制の適用を受けることが可能です（具体的な事業承継税制に関する説明は第3章参照）。これは、事業承継税制の適用に当たり、後継者の要件として日本の居住者であることや日本国籍を有することは求められていないためです（措法70の7の5①②、措法70の7の6①②、円滑化省令6①七ト、6①八ト）。

海外居住者か否かの判定

Q5-2 日本の租税法上、海外居住者に該当するかどうかの判定について教えてください。また所得税と、相続税・贈与税では何か相違点がありますか

ポイント

- 国内に「住所」があるかどうかにより、海外居住者に該当するか否かを判定する
- 住所とは「その者の生活の本拠のある場所」とされ、客観的事実に基づいて総合的に判断するものとされている
- 所得税は居住状況により本人が海外居住者であるかによって判断されるため、国内親族の扶養に入っているかどうかは関係がない。一方、相続税・贈与税は被相続人（相続人）、贈与者（受贈者）の国籍や住所地によって判断される。所得税と違い、相続税・贈与税の場合は日本居住者である親族の扶養に入っているかどうかも考慮される

【回答】

1 海外居住者に該当するかどうかの判定

海外居住者に該当するかの判定をするとき、「国内の住所の有無」は重要なポイントとなります。国内に住所があるかどうかが、最初の判定の分かれ道になります。

国内に住所がある場合、海外居住者には該当しません。一方で、国内に住所がない場合、国内居所の有無、日本国籍の有無、過去に住所を有しているかということをもって海外居住者に該当するかの判定をすることになります。

2 住所の定義

税法上、住所地の判定において「住所」の定義規定はなく、民法第22条に規定されている住所の定義「生活の本拠」の概念を借用しているとされています。民法第22条には「各人の生活の本拠はその者の住所とする」と定められています。これを受けて、相続税法基本通達1の3・1の4共-5及び所得税基本通達2-1において、住所とは各人の生活の本拠をいい、客観的な事実によって判定するものと記されております。住所地とは、住民票に記載されている住所地といった形式的なものだけでなく、客観的事実に基づき総合的に判断すべきと考えられています。

3 客観的事実に基づく住所地の判定

過去の判例より住所地を判定する上での客観的事実とは、「滞在日数」、「住居」、「職業」、「生計を一にする配偶者その他の親族の居所」、「資産の所在地」等が挙げられます。どれか1つの事実のみで判断するのではなく、複数の事実を勘案して判断されます。その中でも、最近の税務調査や判決では「滞在日数」、「職業」、「住居の有無（滞在先がホテルや病院等でなく、生活の中心となるような重要な拠点かどうか）」をより重視する傾向がみられます。一方「資産の所在地」については、金融資産などの保有場所を簡単に変更できることから、あまり重要視されていないようです。

4 各税法における海外居住者

(1) 所得税

所得税では、居住状況によって、「居住者」と「非居住者」を区分し、「居住者」をさらに「永住者」と「非永住者」に区分します。また、所得税施行令には推定規定が定められており、一定の状態に該当するときは、その者は「居住者」又は「非居住者」と推定されることになります。

居住状況によって判断されるため、国内に居住する親族の扶養に入っているかどうかは関係ありません。

【所得税：納税義務者と課税所得の範囲】

納税義務者		定義	課税所得の範囲
居住者	永住者 (非永住者以外の居住者)	国内に住所を有し、又は現在まで引き続いて1年以上居所を有する個人	全世界所得
	非永住者	日本の国籍を有しておらず、かつ、過去10年以内において国内に住所又は居所を有していた期間の合計が5年以下である個人	国内源泉所得及び国外源泉所得で国内において支払われ、又は国外から送金されたもの
非居住者		居住者以外の個人	国内源泉所得のみ

① 居所について

居所とは、「生活の本拠というまでには至っていないが、その人が現実に居住している場所」のこととされます。

② 推定規定について

次のイ又はロに該当する場合、その者は国内に住所がある者又は国内に住所がない者と推定されます。

なお、国内に住所がある者（居住者）と推定された場合、日本国内外で生じた所得全てが課税の対象となります。一方で、国内に住所がない者（非居住者）と推定された場合、日本国内で生じた所得のみ課税の対象となります。

イ．国内に住所がある者（居住者）と推定する場合（所令14）

国内に居住することとなった個人が、a、bのいずれかに該当する場合

a．国内において、継続して1年以上居住することを通常必要とする職業を有すること

b．日本の国籍を有し、かつ、その者が国内において生計を一にする配偶者その他親族を有することその他国内におけるその者の職業及び資格の有無等の状況に照らし、その者が国内において継続して1年以上居住するものと推測するに足りる事実があること

ロ．国内に住所がない者（非居住者）と推定する場合（所令15）

国外に居住することとなった個人が、a、bのいずれかに該当する場合

a．国外において、継続して1年以上居住することを通常必要とする職業を有すること

b．その者が外国の国籍を有し又は外国の法令によりその外国に永住する許可を受けており、かつ、その者が国内において生計を一にする配偶者その他の親族を有しないことその他国内におけるその者の職業及び資産の有無等の状況に照らし、その者が再び国内に帰り、主として国内に居住するものと推測するに足りる事実がないこと

(2) 相続税・贈与税

相続税・贈与税では、被相続人（贈与者）又は相続人（受贈者）の国籍、住所地によって居住者と非居住者を区分しています（詳細は**Q5-3**参照）。

なお、相続税・贈与税には推定規定はありませんが、相続税法基本通達1の3・1の4共-6で日本国籍を所有し、且つ一定の事由に該当する者は、海外で生活をしている場合であっても日本に住所があるものとして取り扱われます。

① 相続税法基本通達1の3・1の4共-6の規定について

学術や技術の取得のために海外留学している者で日本国内にいる者の扶養親族となっている者等は国内に住所があるものとします。

扶養親族とは配偶者以外の親族で生計を一にしている親族を指します。海外留学で生活費を日本の両親から送金されている場合、扶養親族に該当していると考えられます。

子供が海外の大学に留学した場合の税務上の留意点を教えてください

（回答）

１．住所の考え方

子供が海外の大学に留学した場合、「住所」はどこになるのか疑問に思われるかと思います。

所得税法には、「その者が国外において、継続して一年以上居住することを通常必要とする職業を有すること」に該当する場合、その者を国内に住所を有しない者と推定する規定があります（所令15)。この推定規定は、海外留学のような学術、技芸の習得のために国外に居住することになった者についても適用されます（所基通3-2)。したがって、1年以上の予定で海外の大学に留学する場合、その者は出国の時から海外居住者に推定されることになります。一方で1年未満の予定で海外の大学に留学する場合は推定規定が適用されず、海外居住者には該当しないことになります。

上記に関わらず、海外の大学に留学した場合も日本に住んでいる親族の扶養のままでいることが出来ます。よって、一定の要件を満たす場合、所得税法上の扶養控除を適用することが可能です。なお、1年以上海外留学する子供について扶養控除の適用を受けたい場合は、親族関係書類や送金関係書類といった確認書類を給与等又は公的年金等の支払い者に提出又は提示をする必要があります。

２．国外転出時課税の対象の有無

海外留学をする子供自身が有価証券を所有している場合、若しくは、留学中の子供に有価証券を渡したい場合、国外転出時課税の対象になるかを確認する必要があります。国外転出時課税の対象に該当するかどうかは、出国時、贈与時、相続時といった各時点で海外居住者に該当するかどうかで判断することになります。なお国外転出時課税については第6章をご参照ください。

(1) 事例1：海外留学する子供自身が有価証券を所有している場合

海外留学する子供自身が有価証券を所有している場合、出国時点で子供が海外居住者に該当するかどうかの判定が必要になります。

1. で記した通り、1年以上の海外留学を行う場合、子供は海外居住者に該当するため、国外転出時課税（本人転出）の対象となります。したがって、出国時までに確定申告や納税管理人の届出を行う等の対応が必要になってきます。

(2) 事例2：日本に住んでいる父母や祖父母から海外留学中の子供や孫へ株式の贈与を行う場合

日本に住んでいる父母や祖父母から海外留学中の子供や孫へ株式の贈与を行う場合、贈与時点で子供が海外居住者に該当するかどうかの判定が必要になります。1年以上の海外留学を行う場合、子供は海外居住者に該当するため、国外転出（贈与）時課税の対象となります。

3．国外転出時課税の納税猶予を利用した場合

国外転出時課税の納税猶予制度を利用した場合、相続税法上の海外居住者の判定に影響が出てきます。具体的には、納税猶予制度の適用を受けている間、納税猶予制度の適用を受けている個人は、相続税法上の居住者として扱われることになります。したがって、留学中の子供が国外転出時課税の納税猶予の適用を受けている間は、その子供は日本国内に住所を有するものとして取り扱われるため、納税義務の判定には注意が必要です。

海外居住親族へ国内法人株式を承継した場合の課税関係

Q5-3 海外居住親族へ国内法人株式を相続又は贈与により承継した場合、日本の課税関係について教えてください

ポイント

■　海外居住親族へ国内法人株式を相続又は贈与により承継する場合、日本の相続税又は贈与税がかかる

■　海外居住親族へ国内法人株式を相続又は贈与により承継する際に、「一定の場合」に該当すると「国外転出時課税」の対象となる

■　相続税及び贈与税の納税義務者は、居住無制限納税義務者、非居住無制限納税義務者、及び制限納税義務者の3つの区分がある（相続税の場合は、これらに加え「特定納税義務者」の区分がある[1]）

【回答】

1　納税義務の判定

相続税及び贈与税（以下、「相続税等」という。）の納税義務者は被相続人（贈与者）・相続人（受贈者）の国籍や住所地により「居住無制限納税義務者」、「非居住無制限納税義務者」、及び「制限納税義務者」の

1　特定義務者とは、被相続人により相続時精算課税の適用を受ける財産を贈与された個人で、相続又は遺贈により財産を取得していないが、相続又は遺贈により財産を取得したものとみなされるものをいいます（相法1の3①五）。

3つの区分に分類されます。当該納税義務者のいずれの区分に該当しても、国内財産は相続税等の課税対象となります。

承継する国内法人株式は当該法人の本店又は主たる事務所が国内にあることから、「国内財産」に分類されるため、国内法人株式を海外居住親族へ贈与、相続又は遺贈[2]（以下、「相続等」という。）により承継させる場合は、日本で相続税等の納税義務が生じることとなります[3]。

2 国外転出時課税

相続等により海外居住親族へ国内法人株式を承継する際に、株式の承継時の時価が1億円を超え、かつ、被相続人（贈与者）が相続開始日若しくは贈与日（以下、「相続開始日等」という。）前10年以内に5年を超えて日本に居住している場合には、国外転出時課税が適用されます（所法60の3)。国外転出時課税が適用された場合、国内法人株式は時価で譲渡したものとみなされ、含み益がある場合には所得税が課せられます(国外転出時課税につき詳細は第6章参照)。

3 納税義務者の区分

(1) 居住無制限納税義務者

① 定義

居住無制限納税義務者とは、相続等により財産を取得した個人で、その財産を取得した時において日本国内に住所を有する者をいいます（相法1の3①一、1の4①一)。ただし、「一時居住者」である個人のうち「外国人被相続人（外国人贈与者)」又は「非居住被相続

2 死因贈与を含みます。

3 相続（贈与）財産が国内にあるか否かは、相続税法第10条に規定されており、株式は発行法人の本店又は主たる事務所の所在にて判定するとされています（相法10①八)。

人（非居住贈与者)」から相続等により取得する場合は、居住無制限納税義務者から除きます（相法1の3①一ロ、1の3③二、1の3③三、1の4①一ロ、1の4③二、1の4③三)。

② 課税対象財産の範囲

相続人（受贈者）が居住無制限納税義務者に該当する場合は、「国外財産」を含む相続等により取得した財産の全てが、相続税等の課税対象財産となります（相法2、2の2)。

(2) 非居住無制限納税義務者

① 定義

非居住無制限納税義務者は、相続等により財産を取得した際に、相続人（受贈者）が日本に住所を有しない場合において、その者が日本国籍を有しているかどうかで判定方法が異なります（相法1の3①二、1の4①二)。

（イ）日本国籍を有する者の場合

相続等により財産を取得した日本国籍を有する者が、その財産を取得した時に日本に住所がない場合で、下記のいずれかに該当する場合には、非居住無制限納税義務者に該当します。

・被相続人（贈与者）が相続開始日等に日本国内に住所を有する場合（被相続人（贈与者）のうち、「外国人被相続人」及び「外国人贈与者」は除く。)

・相続人（受贈者）又は被相続人（贈与者）のいずれかが相続開始日等前10年以内に日本国内に住所を有する場合（被相続人（贈与者）のうち、「非居住被相続人」及び「非居住贈与者」は除く。)

・被相続人が、国外転出時課税制度による納税猶予期限の延長を受けている場合

（ロ）日本国籍を有しない者の場合

相続等により財産を取得した日本国籍を有しない者が、その財産を取得した時に日本に住所がない場合であっても、被相続人（贈与者）が相続開始日等時点、又は、相続開始日等前10年以内に日本に住所がある場合は、非居住無制限納税義務者に該当します（被相続人（贈与者）のうち、「外国人被相続人」、「非居住被相続人」又は「外国人贈与者」、「非居住贈与者」を除く。）。

② 課税対象財産の範囲

相続人（受贈者）が、非居住無制限納税義務者に該当する場合の課税対象財産の範囲は、居住無制限納税義務者と同様、「国外財産」を含む相続等により取得した財産の全てが相続税等の課税対象財産となります（相法2、2の2）。

(3) 制限納税義務者

① 定義

制限納税義務者とは次の者をいいます。

・相続等により財産を取得した個人で、財産を取得した時には日本国内に住所を有しないもののうち、非居住無制限納税義務者以外の者（相法1の3①四、1の4①四）

・相続等により、「外国人被相続人」、「非居住被相続人」又は「外国人贈与者」、「非居住贈与者」から財産を取得した「一時居住者」。

・被相続人（贈与者）の日本国籍の有無に関わらず、被相続人（贈与者）及び相続人等（受贈者）の双方が相続開始日等前10年以内に日本に住所を有していない、かつ、被相続人が国外転出時課税の納税猶予期限の延長を受けているケースにも該当しない場合

② 課税対象財産の範囲

制限納税義務者については、国内財産のみが課税対象財産となります。

4 ケーススタディ

下記のケースにおける各相続人の納税義務者の区分及び課税財産は次の通りです。

【ケース1】

日本に居住している日本の永住権を持つ米国籍の父親A（被相続人A）が令和6年1月に亡くなりました。相続人は、米国に居住している日本国籍の配偶者B、配偶者Bと米国に居住しており、国籍は米国籍のみの長男C、被相続人Aと日本に居住しており、米国と日本の両国籍を持つ二男Dの3人です。なお、被相続人Aは相続開始時において日本に住所を有してから10年以上経過しており、配偶者B及び長男Cは相続開始前10年以内に国内に住所は有していないものとします。

【相続人関係図】

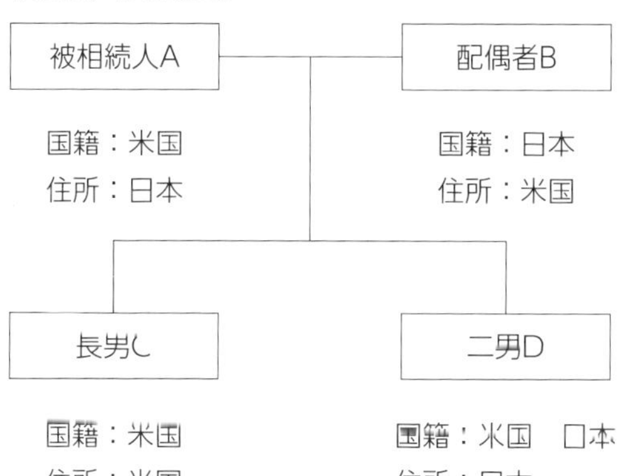

【納税義務判定】

	住所	国籍	納税義務区分	課税財産の範囲	国外転出時課税の適用
被相続人A	日本	米国（日本永住資格）	—	—	—
配偶者B	米国	日本	非居住無制限納税義務者	国内財産＋国外財産	あり※1

長男C	米国	米国	非居住無制限納税義務者	国内財産＋国外財産	あり※1
二男D	日本	米国・日本	居住無制限納税義務者	国内財産＋国外財産	なし

※1　相続開始時点において、時価1億円以上の国内法人株式を相続する場合

【解説】

二男Dは相続開始時に日本に住所があるため、「居住無制限納税義務者」に該当し、国内財産及び国外財産の全てが日本の相続税の課税対象となります。

配偶者B及び長男Cは、相続開始時において日本に住所を有していませんが、被相続人Aが相続開始時において日本に住所を有する永住資格保持者であったことから、「非居住無制限納税義務者」に該当し、国内財産及び国外財産の全てが日本の相続税の課税対象となります。

なお、相続開始時点において被相続人Aは日本に5年超居住していることから、配偶者B及び長男Cが時価1億円以上の国内法人株式を相続により取得する場合、当該株式は国外転出時課税の対象となります。

【ケース2】

ケース1の相続発生後に、長男Cについて相続が発生し、財産を配偶者Bと二男Dが取得した場合

	住所	国籍	納税義務区分	課税財産の範囲	国外転出時課税の適用
被相続人C	米国	米国	—	—	—
配偶者B	米国	日本	非居住制限納税義務者	国内財産	なし
二男D	日本	米国・日本	居住無制限納税義務者	国内財産＋国外財産	なし

なお、二男Dは、被相続人Cの遺言により財産を取得したものとする。

【解説】

二男Dは相続開始時に日本に住所があり、日本国籍を有していること

から一時居住者に該当せず、「居住無制限納税義務者」に該当し、国内財産及び国外財産の全てが日本の相続税の課税対象となります。

配偶者Bは日本国籍を有していますが、相続開始時及び相続開始前10年以内に国内に住所がないため、非居住被相続人に該当する被相続人Cからの相続では「非居住制限納税義務者」に該当し、国内財産のみが日本の相続税の課税対象となります。

本ケースにおいて、配偶者Bが現預金（国内財産）を5,000万円、現預金（国外財産）を200,000ドル取得し、二男Dが有価証券（国内財産）を1,000万円、有価証券（国外財産）を300,000ドル取得した場合の、日本の相続税の課税遺産額の計算は次のようになります（相続発生日為替レート：1ドル＝150円）。

【日本の相続税課税遺産額の計算】

①　相続税の基礎控除

3,000万円＋600万円×1人＝3,600万円

②　課税対象財産

・配偶者B：現預金（国内財産）5,000万円

・二男D：有価証券（国内財産）1,000万円＋有価証券（国外財産）300,000ドル

＝1,000万円＋300,000ドル×150円/ドル

＝5,500万円

・合計：5,000万円＋5,500万円＝1億500万円

③　課税遺産額

1億500万円－3,600万円＝6,900万円

なお、配偶者Bが時価1億円以上の国内法人株式を相続により取得する場合であっても、被相続人Cは相続開始前10年以内に5年超日本に居住していないことから、当該株式は国外転出時課税の対象となりません。

海外の税制

Q5-4 海外居住親族へ日本法人株式を相続又は贈与により承継した場合、海外の税制について何か気をつけるべき点がありますか

ポイント

■　海外居住親族の居住地国において相続税、贈与税がかかることがあるため、居住地国の相続税及び贈与税の課税主体や課税範囲を確認する必要がある

■　当該株式を相続や譲渡により取得した後、譲渡する場合、取得費の考え方が日本と異なることがあるため、どの価額が現地での譲渡所得の計算上、基礎となるのか確認する必要がある

【回答】

1　贈与税・相続税について[4]

(1) 米国

米国には、日本の相続税・贈与税に当たるものとして遺産税・贈与税及び世襲飛越移転税があります。これらの税は原則、財産を渡す側（被相続人又は贈与者）が米国に居住しているか否かで課税の取扱いが異なります。

また、上記の税は連邦税ですが、それらとは別に、州によっては州の

4　当該法律に関する記述は、2023年4月時点の法令に基づいています。法令の変更や解釈の変化により、記述内容が実際の適用結果と異なる場合がありますので、最新の法令情報にご確認の上、ご利用ください。

遺産税及び贈与税が存在する場合もあるので注意が必要です。

	遺産税 (Estate tax)	贈与税 (Gift tax)	世代飛越移転税 (GST※) ※Generation skipping transfer tax
納税義務者	被相続人	贈与者	被相続人又は贈与者
課税の対象 ※居住・非居住者の判定は納税義務者ベース	米国居住者：全世界財産	米国居住者：全世界財産	遺産税及び贈与税と同じ
	米国非居住者：米国国内財産	米国非居住者：米国国内財産（無形資産以外）	
留意点	・超過累進課税（18～40%） ・相続発生9か月以内に申告・納税	・超過累進課税 ・暦年を課税年度とし、翌年4月15日までに申告・納税	・祖父母から孫等への世代を飛び越しての財産の移転に対して遺産税及び贈与税に追加で課税される ・40%の税率 ・申告・納税期限は遺産税及び贈与税と同じ
統一移転税額	一生涯の贈与及び相続による移転財産額に基づき算出した税額から控除		

よって、まず、被相続人が日本居住者である前提で米国居住親族へ日本法人株式を相続した場合には、課税の対象は米国国内財産のみとなります。日本法人株式は米国国内財産には該当しないため、米国では遺産税は生じません。

次に、日本居住者が贈与により米国居住親族へ日本法人株式を承継した場合、当該ケースにおいても贈与者は米国非居住者となりますので、課税の対象は米国国内財産となります。よって、こちらも相続の場合と同様に、米国で贈与税は生じません。

【参考：国内財産の定義】

財産の種類		米国国内法	日米租税条約
1	不動産、不動産に関する権利	所在地	所在地
2	動産	所在地	所在地
3	債権	債務者の住所・本店	債務者の居住地

4	法人の株式、出資		発行法人の本店	発行法人の本店
5	預貯金	事業用	預入金融機関の所在地	債務者の居住地
		非事業用	国外財産（非課税）	
6	生命保険		国外財産（非課税）	保険者の居住地

※　米国国内法と租税条約の定めが異なる場合には、原則租税条約が優先される。
※　事業用の預金、生命保険のように米国国内法で非課税とされているが、租税条約により国内財産（課税）となる場合においては、米国国内法が適用される。

(2) シンガポール

シンガポールには、相続税も贈与税もありません。また、キャピタルゲインに対する課税の制度も存在しません。その為、シンガポール居住親族へ日本法人株式を相続又は贈与により承継した場合において、シンガポール側では課税は生じません。

(3) 中国

中国には、相続税も贈与税もありません。その為、中国居住親族へ日本法人株式を相続又は贈与により承継した場合においても、中国側では課税は生じません。

(4) その他

世界には米国と同様、被相続人・贈与者を判定の基準として、居住者に対しては全世界財産課税、非居住者には国内に所在する財産のみに限定して課税を行うような法律を定めている国が多く存在します。当該制度での課税が行われているのは、台湾、オランダ、スペイン、イタリア等の国々であり、その場合は承継の対象となっている財産の国内外の判定の基準を確認の上、現地での課税が発生するかどうかを判断します。

また、上記の国々は、財産を渡す側（被相続人・贈与者）が居住者か否かにより課税が異なりましたが、フランス、ドイツやタイでは財産を渡す側が居住者ではない場合においても、財産を受け取る側（相続人・受贈者）が居住者であれば、一定の要件の基、全世界財産が現地で課税の対象になります。

一方で、中国と同様相続税も贈与税も存在しない香港、マレーシア、ニュージーランドのような国もあります。そのような国に居住している親族には、日本法人株式を相続又は贈与した場合においても、基本的には課税は発生しないと考えて問題ないでしょう。

2 株式の取得費の考え方

日本では相続又は贈与により取得した株式の取得費は、相続人や贈与者の取得価額を引き継ぎますが、国によっては、この取得費の算定方法に対する考え方も異なります。

ステップアップベイシス（step-up basis）とは、相続した財産の取得価額を、故人が亡くなった日の市場価格まで引き上げるという概念を指します。このルールのおかげで、受益者（相続人）は、財産を相続する時点での市場価値を新たな基準価額とするため、その後財産を売却した際に生じる税負担を軽減できます。米国に関してはこのステップアップベイシスの考え方を採用しているため、仮に米国居住親族が米国居住者である親などから日本法人株式を相続により承継した場合、米国税務上の当該株式の取得費は相続時の時価となります。

【取得費の考え方のイメージ】

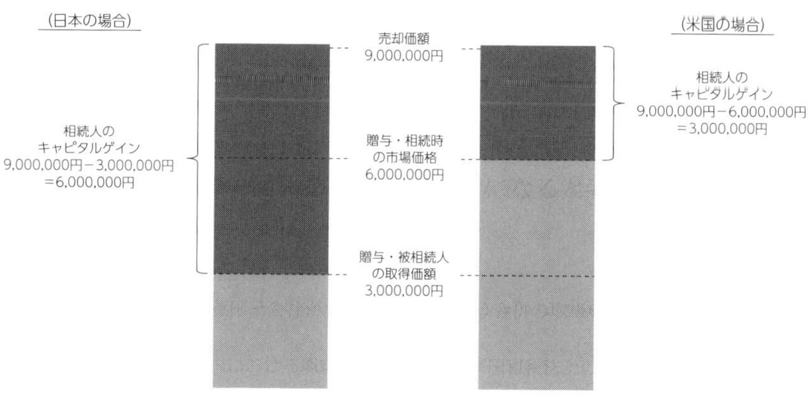

日本及び居住地国における税制上の留意点

Q5-5 海外居住親族へ日本法人株式を譲渡により承継した場合、日本の課税関係を教えてください。また、海外居住親族の居住地国の税制について留意点があれば教えてください

ポイント

- 日本居住者が海外居住親族へ日本法人株式を譲渡した場合は、譲渡により生じた所得に対して分離課税により所得税が課税される
- 日本居住者が海外居住親族へ日本法人株式を譲渡した場合、日本居住者は海外居住親族の居住地国の税制の適用を受けることはない

【回答】

1 日本における課税関係

(1) 所得税の課税方式と税率

日本居住者（非永住者を除く。）は全ての所得に対して所得税を納める義務があります（所法7①一）。

所得税法上、所得は給与所得・配当所得など10種類に区分され、各所得の金額を合算し（分離課税の対象となる所得を除く。）、総合課税により所得税が課税されます（所法21、22）。不動産・株式等の資産を譲渡したことにより生じた利益については、譲渡所得として他の所得と区

別され、分離課税により所得税が課税されます。

株式等を譲渡した場合の所得税率は15.315％（復興特別所得税含む。なお、住民税は5％）となります（措法37の10①、37の11①）。

(2) 譲渡所得の計算方法

譲渡価額（譲渡収入）から必要経費（譲渡した資産の取得費や譲渡にかかった費用等）を差引いた後、利益が生じる場合には、その利益が譲渡所得となります（所法33③、措法37の10⑥、37の11⑥）。

【計算式】

総収入金額－(取得費＋借入金利子＋売買委託手数料＋その他譲渡費用)

（注）　借入金利子は、売却した株式の取得のための借入金等の利子でその年における株式の所有期間に対応する部分の金額

譲渡所得の計算上、株式等の範囲が定められており、上場株式等の譲渡と一般株式等の譲渡を行った場合は、それぞれ分けて譲渡所得を計算することになります。未上場株式は一般株式等として区分されます（措法37の10②、37の11②）。

(3) 損益通算と繰越控除

①　譲渡した株式が上場株式の場合

上場株式等に係る譲渡損失がある場合は、その年分の上場株式等に係る配当所得の金額（申告分離課税を選択したものに限る。）と損益通算することができます。

また、損益通算してもなお控除しきれない損失の金額については、申告を要件に翌年3年間に渡たり繰越控除することができます。

[国外の証券会社で上場株式等を保有している場合]

損益通算及び繰越控除の適用は、金融商品取引法等に基づき業務を行う金融商品取引業者、登録金融機関、信託会社などを介して行う上場株式等の譲渡に限られています。

そのため上場株式等の譲渡損益が生じた場合、その上場株式等を管理している証券口座が、国内の証券会社か国外の証券会社なのかを確認した上で、損益通算及び繰越控除の適用を検討していく必要があります。

イ　国外の証券会社で保有している上場株式等から生じた譲渡損益と国内の証券会社で保有している上場株式等から生じた譲渡損益を通算することは可能です。

ロ　国外の証券会社で保有している上場株式等から生じた譲渡損は繰越控除することはできません。

ハ　国外の証券会社で保有している上場株式等から生じた譲渡損を、上記イの通り国内の証券会社で保有している上場株式等から生じた譲渡益と通算しても、なお国外の証券会社で保有している上場株式等から生じた譲渡損が生じる場合、その譲渡損は、国内の証券会社で保有している上場株式等から生じた配当所得（申告分離を選択したものに限る。）と損益通算することはできません。

ニ　国内の証券会社で保有している上場株式等から生じた譲渡損は、国外の証券会社で保有している上場株式等から生じた配当所得（申告分離を選択したものに限る。）と損益通算することは可能です。

②　譲渡した株式が未上場株式の場合

未上場株式は、一般株式等として区分されます。そのため、未上場株式の譲渡により生じた損益は、同じ一般株式等の譲渡により生じた損益と相殺することは可能です。ただし、上場株式等の譲渡より生じた損益と相殺することはできません。また、一般株式等の譲渡により生じた損失の金額については、繰越控除の適用はありません（措法37の10）。

2 海外居住親族の居住地国の税制に関する留意点

日本居住者が海外居住親族へ日本法人株式の譲渡をしても、一般的に譲渡した者の居住国において譲渡所得が課税されるため海外居住親族の居住地国の税制の適用を受けることはありません。

税金以外の留意点

Q5-6 海外居住親族が日本法人株式を承継した場合、税金以外の留意点があれば教えてください。居住地国において報告等の義務がありますか

ポイント

- ■ 海外居住親族の居住地国における国外財産保有についての報告義務や国外財産の取得や譲渡等の取引についての事前通知、承認、報告義務の有無を確認する必要がある
- ■ これらの義務を失念した場合、罰金等の大きなペナルティが発生する可能性があるため注意が必要

【回答】

海外居住親族の居住地国が米国、シンガポールの場合を例にとります。

1 米国の場合

米国居住者等は、米国外に保有する金融資産に関する情報を毎年IRS（Internal Revenue Service）やFinCEN（Financial Crimes Enforcement Network）に開示する義務があります。また、米国居住者等が米国外法人の株式を保有している場合や、相続又は贈与により財産を取得した場合も開示義務があるため、米国居住親族が日本法人株式を承継した場合、各規定の要件に該当するか確認の上、適切に報告をする必要があります。

(1) Form5471

米国では、米国納税義務者（米国市民や米国居住者、米国法人等）が以下の条件を満たす場合等に、Form5471という情報開示用の申告書を確定申告書に添付し、申告期限（4/15）までにIRSに対して提出する必要があります。

① 米国株主で、外国法人の総株式数又は議決権総数の10％以上を所有している場合

② 米国法人の執行役や取締役であり、且つその期において、当該米国法人株式の10％以上を取得、又は追加取得により当該外国会社の追加発行済み株式の10％以上を保有する場合

③ 米国法人の株式を10％以上保有していたが、処分したことにより保有割合が10％未満になった場合

④ 米国会社の株式を10％保有している間に、米国市民又は居住者等になった場合

⑤ 会計年度期間に、外国会社の支配権（50％超の総議決権や総株式数）を保有している場合

⑥ その他の一定場合

仮に当該申告書の提出を失念していた場合、10,000ドルの罰金が課せられます。また、IRSが履行の通知を郵送してから90日以内に情報が提出されない場合、30日ごとに、追加で10,000ドルの罰金が生じます。

(2) Form3520

米国では､米国納税義務者（米国市民や米国被相続人の遺言執行者等）が、米国非居住者から多額の贈与や遺産を受け取った下記のような場合において、Form3520を提出する必要があります。上記Form5471と同様に、原則申告期限（4/15）までにIRSへ提出を行う必要がありますが、申告期限の延長が認められている場合には10/15までの提出となり

ます。

① 米国非居住者、又は外国にある財産より課税年度中に10万ドル以上の贈与や遺産を受け取った場合

② 外国法人又は外国パートナーシップから贈与により一定の金額以上の財産を受け取った場合

当該申告書においても、提出を失念した場合には10,000ドルの罰金又は一定の算式により計算された金額のいずれか大きい金額が課されます。

(3) Form8938

Form8938は “Statement of Specified Foreign Financial Assets (特定外国金融資産報告書)” と呼ばれるものであり、下記一定の外国金融資産を有する米国納税義務者（米国市民や米国居住者、一定の要件を満たす米国法人等）は、その保有している外国金融口座の情報を確定申告書に添付し、申告期限（4/15）までにIRSに報告しなければなりません。

【個人に適用される報告基準額（※指定外国金融資産の合計額で判断）】

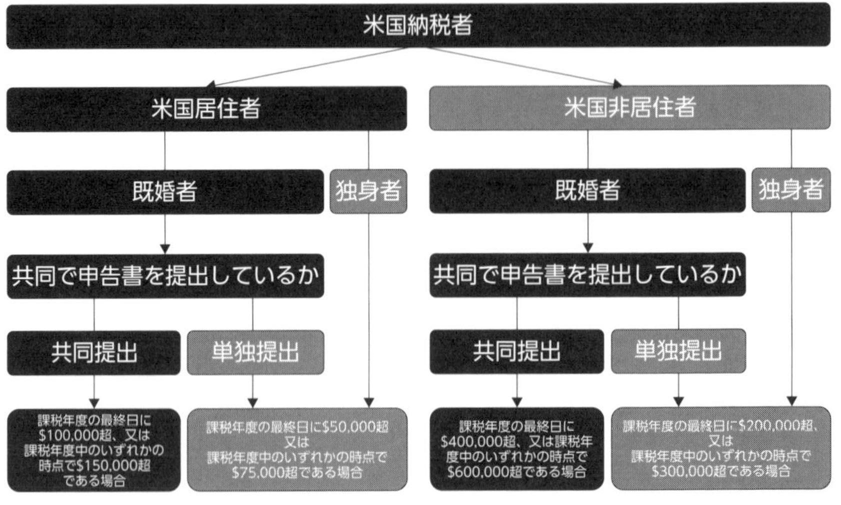

※ 配偶者が共同所得申告をしている場合は、夫婦の資産合計額で判断

【判定に含まれる特定外国金融資産】

・外国の金融機関が管理する金融口座
・投資目的で保有され、金融機関が管理する口座以外の以下の外国金融資産
　→米国人でない者が発行した株式又は有価証券（米国領の法律に基づいて組織された者が発行した株式又は有価証券を含む）
　→外国企業の持分
　→米国人でない発行者又は取引相手がいる金融商品又は契約（米国領の法律に基づいて組織された者が発行した、又は取引相手がいる金融契約を含む）

(4) FBAR（Report of Foreign Bank and Financial Account）

米国居住者は、銀行口座、証券口座、確定拠出年金生命保険等の特定の外国金融口座の残高が10,000ドルを超えた場合、FBAR（Report of Foreign Bank and Financial Account）をFinCEN（Financial Crimes Enforcement Network）宛に提出する必要があります。海外居住親族が日本法人株式を承継した場合で、承継した上記財産が10,000ドルを超えた場合や、承継時には10,000ドルを超えていない場合においてもFBARは年次報告書のため、年間で1回でも残高が10,000ドルを超えた場合、翌年の4月15日までに口座番号や金融機関名等の情報を含んだ報告書の提出を行わなければなりません。

2 シンガポールの場合

シンガポールでは､外国株式の取得に関連した報告義務はありません。

3 その他の国の取扱いについて

(1) フランスの場合[5]

フランスには、フランス居住者に対しての外国金融口座の報告要件が

あります。フランスの居住者であれば、外国の銀行口座、保険契約、その他の収入を生む資産をフランスの税務当局に申告しなければならない場合があります。フランスに居住する者が外国で銀行口座を開設、使用、閉鎖する場合、その口座を申告しなければなりません。

外国口座の申告書は、毎年確定申告に添付して提出する必要があり、外国口座の申告を怠った場合、多額の罰則を受ける可能性があります。

(2) インドの場合[6]

インドの居住者は、所得税申告書の提出時に国外財産を開示する義務が有ります。また更に、インドでは2015年に「Black Money (Undisclosed Foreign Income and Assets) and Imposition of Tax Act, 2015」(通称ブラックマネー法) が導入され、インド居住者が下記に該当する場合には、当該無申告の国外所得・国外財産に対し30%の課税に加え、罰金が科される可能性があります。

① 取得資金の源泉に関する説明がない、あるいは十分でない無申告の国外財産がある。

② 国外所得が申告書には反映されてない、あるいは申告書が提出されていない無申告の国外所得がある。

③ 申告書上、正確でない、あるいは不十分な申告の国外財産がある。

一方で、会計年度のいずれかの時点で、国外銀行口座の合計残高が50万ルピー以下であれば、当該国外財産が無申告であっても、罰金は科せられないとされています。

5 当該法律に関する記述は、2023年2月時点の法令に基づいています。法令の変更や解釈の変化により、記述内容が実際の適用結果と異なる場合がありますので、最新の法令情報にご確認の上、ご利用ください。

6 当該法律に関する記述は、2024年3月時点の法令に基づいています。法令の変更や解釈の変化により、記述内容が実際の適用結果と異なる場合がありますので、最新の法令情報にご確認の上、ご利用ください。

日本法人株式からの配当

Q5-7 海外居住親族が日本法人株式を承継した場合、当該日本法人株式からの配当はどのような税金がかかりますか。日本と居住地国の両方について教えてください

ポイント

■　日本法人株式からの配当の場合、海外居住親族が受け取るものであっても日本で課税の対象である

■　海外居住親族の居住地国で日本法人からの配当が課税の対象になるかどうかについては、現地の法律を確認する必要がある

■　海外居住親族の居住地国で日本法人からの配当が課税となり、二重課税となる場合、日本では外国税額控除制度の適用を受けることができないため、当該居住地国において外国税額控除制度の適用を受けることができるかどうかを確認する必要がある

■　海外居住親族の居住地国で日本法人からの配当が課税対象とならない場合においても、日本と海外居住親族の居住地国の租税条約次第では、日本での課税の取扱いは日本居住者が日本法人から配当を受け取る場合と異なる可能性があるため確認する必要がある

【回答】

1 日本における課税関係

① 配当金への課税

日本の所得税法上、非居住者に対しての課税範囲は、国内源泉所得のみと規定されています（所法5)。日本法人から支払われる利益の配当に関しては、日本の国内源泉所得とされている為、海外居住親族であっても日本法人株式からの配当を受け取った場合は、当該配当金は日本で課税の対象になります（所法161)。当該配当を支払う日本法人は非居住者に対して配当を支払う際において、居住者へ配当を支払う時と同様に、所得税及び復興所得税を源泉徴収し納付する義務が有ります（所法212)。

② 外国税額控除

日本における非居住者に係る外国税額控除制度は、「国内に恒久的施設を有する非居住者が、その恒久的施設に帰属する所得につき、その年において外国の法令により所得税に相当する租税を納付することとなる場合」に限られます（所法165の2、165の6)。現地において日本法人からの配当金が課税されるかどうかは現地の法律によりますが、非居住者が外国株式、つまり今回のケースでいうと日本法人からの配当を受け取ることにより自身の居住地国において課される外国所得税額は、日本における非居住者に係る外国税額控除の対象外とされています。よって、今回のケースにおいては、仮に海外居住親族が自身の居住国で配当金課税を受けていたとしても、外国税額控除制度を日本において適用することは出来ません。

2 居住地国での課税について

(1) 米国

①　配当金への課税

米国では、米国市民及び米国居住者は全世界所得課税対象となります。したがって、外国株式の配当金であっても、米国居住親族である株主が受け取るものであれば米国で課税の対象となります。

			課税範囲
個人	米国市民		全世界所得
	外国人	米国居住者	
		米国非居住者	国内源泉所得

また配当金に対する課税は、当該配当金が、国内法人及び適格外国法人から課税年度中に支払われる「適格受取配当」に該当するか否かで税率に差があります。適格配当に該当する場合、個人の課税所得金額に応じて、0%、15%、20%の税率が適用されます。一方で、適格受取配当に配当しない場合は、下記の表のような通常の所得税率で課税されます。

【所得税率※2023年時点】

税率	独身申告※1	夫婦合算申告※2 又は適格寡婦申告※3	夫婦別申告※4	独身世帯主申告※5
10%	0~$11,000	0~$22,000	0~$11,000	0~$15,700
12%	$11,001~$44,725	$22,001~$89,450	$11,001~$44,725	$15,701~$59,850
22%	$44,726~$95,375	$89,451~$190,750	$44,726~$95,375	$59,851~$95,350
24%	$95,376~$182,100	$190,751~$364,200	$95,376~$182,100	$95,351~$182,100
32%	$182,101~$231,250	$364,201~$462,500	$182,101~$231,250	$182,101~$231,250
35%	$231,251~$578,125	$462,501~$693,750	$231,251~$346,875	$231,251~$578,100
37%	$578,126~	$693,751~	$346,876~	$578,101~

※1　独身申告（Single）：未婚又は離婚した場合の申告方法

※2　夫婦合算申告（Married filing jointly）：既婚者が夫婦の所得を合算して申告する場合（その年に配偶者が死亡した場合も含む）の申告方法。

※3　適格寡婦申告（Qualifying surviving spouse）：過去2年間に配偶者が死亡し、扶養している子供がいる場合の申告方法。

※4　夫婦別申告（Married filing separately）：既婚者で共同申告をしたくない場合、又は別々に申告した方が税金が安くなる場合の申告方法。
※5　独身世帯主申告（Head of household）：独身で扶養親族がいる場合の申告方法。

②　外国税額控除

米国居住親族である株主が、自国以外の外国政府に支払った配当に対する税金は、外国税額控除の対象となり、外国所得に対する米国の税金を相殺することができます。

③　日米租税条約について

日本法人から米国居住親族である株主へ配当を支払う場合、上記**1**日本での課税の通り、日本法人側において、源泉徴収課税があります。日本と米国との租税条約上、米国居住親族である株主に対して支払われる日本法人からの配当に係る税率は10％までと定められています（日米租税条約10②(b)）。

また上記に関して、法人の事業内容や保有資産の状況によって取扱いが異なる場合がありますので、注意が必要です。

(2)　シンガポール

①　配当金への課税

シンガポールにおいて居住者に該当する場合、シンガポールの国内源泉所得のみが課税の対象になり、シンガポール居住者が受け取る外国源泉所得（シンガポールのパートナーシップを通じて受け取ったものを除く。）は所得税が非課税とされています。また、配当金に関しては、特定の配当金に対しては税金を納める必要がありますが、その他の配当金に対しては税金を納める必要はありません。

非課税となる配当金	
①	シンガポール法人からの配当金（協同組合を除く。）
②	シンガポールに居住する個人がシンガポールで受領する外国からの配当金(シンガポールのパートナーシップを通じて受領するものを除く。)

③	不動産投資信託（REIT）からの分配金（シンガポールのパートナーシップを通じて個人が受領するもの、又はREITにおける取引、事業、職業の遂行に関連するものを除く。）

② 日星租税条約について

日本法人からシンガポール居住親族である株主へ配当を支払う場合、上記1日本での課税の通り、日本法人側において、源泉徴収課税があります。日本とシンガポールとの租税条約上、シンガポール居住親族である株主に対して支払われる日本法人からの配当に係る税率は15%までと定められています（日星租税条約10②(b)）。

(3) 中国

① 配当金への課税

中国では居住者と非居住者で課税の範囲が異なり、居住者の場合は全世界所得課税、非居住者に対しては国内源泉所得のみ課税の対象となります。また、中国の個人所得税上、給与等は3～45%の超過累進税率により課税が行われますが、配当に関しては所得金額の大小に関わらず一定の税率で課税される比率税率課税となっており、一律20%課税となります。

② 外国税額控除

これまで日本及び中国での配当金への課税関係を確認しましたが、中国居住親族である株主が日本法人から受け取る配当については、日本でも中国でも課税の対象となります。一方で、中国では中華人民共和国個人所得税法第7条に「居住者個人が中国国外で取得した所得について、その課税額から国外で納付した個人所得税額を控除することができる。ただし、控除額は当該納税者の中国国外所得に係る本法規定に基づいて計算した課税額を超えてはならない。」と定められています。よって、中国居住親族である株主が受け取る日本法人からの配当については、中国での申告において日本で支払っている税額を外国税額控除することが可能です。

③　日中租税条約

日本法人から中国居住親族である株主へ配当を支払う場合、上記**1**日本での課税の通り、日本法人側において、源泉徴収課税があります。日本と中国との租税条約上、中国居住親族である株主に対して支払われる日本法人からの配当に係る税額は配当金額の10％を超えない金額までと定められています（日中租税条約10②）。

租税条約に関する届出書

Q5-8 海外居住親族が日本法人株式を承継した後に、配当所得や譲渡所得について租税条約の適用を受ける場合、届出の提出等の手続きが必要でしょうか。仮に必要な場合には、具体的に、どのような手続きが必要であるか教えてください

ポイント

■　海外居住親族が受領する配当金から源泉徴収される税額について、租税条約の適用を受けるためには、配当金を受領する日までに支払者に対して租税条約に関する届出書等を提出しなければならない

■　海外居住親族が、株式の譲渡から生じる税額について租税条約（特典条項の規定がある場合に限る。）の適用を受けるためには、確定申告期限までに、確定申告書に租税条約に関する届出書等を添付しなければならない

【回答】

海外居住親族には、日本国内に恒久的施設がないことを前提として解説いたします。

1 非居住者に対する日本の課税関係について

海外居住親族が、国内に住所がなく又は現在まで引き続いて一年以上

居所がない場合は、所得税法上、非居住者となります。非居住者に対する課税は、国内源泉所得に対してのみ課税の対象となります（所法2①五、7①三、164）。

(1) 配当金の支払いを受ける場合

日本法人株式から生じた配当金は国内源泉所得に該当し、配当金の支払い時に、配当金額に20.42%を乗じた金額が源泉徴収されます（詳細は**Q5**-7参照）。

(2) 日本法人株式を譲渡した場合

海外居住親族が日本法人株式を譲渡し、その株式譲渡が事業譲渡類似株式等の一定の株式の譲渡に該当する場合、当該譲渡所得は国内源泉所得に該当する為、海外居住親族は日本において申告を行い、所得税を納める必要が生じる場合があります（詳細は**Q7**-3参照）。

2 租税条約に関する届出書

所得税法上、上記のような規定が定められていますが、海外居住親族の居住地国と日本との間に租税条約が締結されている場合は、配当金から源泉徴収される税額や株式の譲渡により生じる税額について、租税条約の適用を受け、その税額の軽減又は免税を受けることができます。

(1) 配当金の支払いを受ける場合

海外居住親族が、配当金から源泉徴収される税額について租税条約の適用を受け、その税額の軽減又は免税を受けようとする場合には、「租税条約に関する届出書」を最初の支払いを受ける日の前日までに、配当金の支払い者（源泉徴収義務者）に提出し、その支払い者を経由して、その支払い者の納税地の所轄税務署長に提出しなければなりません。なお、複数の配当金を受け取った場合は、その配当金の支払い者ごとに同届出書を提出する必要があります（租税条約等実施特例法の施行に関する省令2)。

なお、租税条約に特典条項の規定がある場合は、届出書の他に、「特典条項に関する付表」及び添付書類（海外居住者親族の居住国から発行された居住者証明等）を提出しなければなりません。提出が間に合わなかった場合は、所得税法に定める税率に基づいて源泉徴収が行われますが、後日、届出書と「租税条約に関する源泉徴収税額の還付請求書」を提出することで、既に源泉徴収された税額と租税条約の適用により軽減又は免除の適用を受けた場合の税額との差額を還付請求することができます。

(2) 日本法人株式を譲渡した場合

海外居住親族が一定の日本法人株式を譲渡し、その株式の譲渡から生じる税額について租税条約（特典条項の規定がある場合に限る。）の適用を受け、その税額の軽減又は免税を受けようとする場合には、「租税条約に関する届出書」、「特典条項に関する付表」及び添付書類（海外居住者親族の居住国から発行された居住者証明等）を確定申告期限までに確定申告書に添付してその海外居住親族の所轄税務署長へ提出しなければなりません（租税条約等実施特例法の施行に関する省令9の2、9の10)。

また、個人の場合は、その年の前年以前2年内のいずれかの年分の所得税につき、租税条約に関する届出書の添付がある所得税確定申告書を提出し、その後において連続して所得税確定申告書を提出している場合には、この届出書の添付は省略することができます（ただし、届出書の記載事項に異動がある場合を除く。)。

【「租税条約に関する届出書」（参照：国税庁HP）より抜粋】

様式 1
FORM

租税条約に関する届出書
APPLICATION FORM FOR INCOME TAX CONVENTION

配当に対する所得税及び復興特別所得税の軽減・免除
Relief from Japanese Income Tax and Special Income Tax for Reconstruction on Dividends

この届出書の記載に当たっては、別紙の注意事項を参照してください。
See separate instructions.

1 適用を受ける租税条約に関する事項；
Applicable Income Tax Convention

2 配当の支払を受ける者に関する事項；
Details of Recipient of Dividends

3 配当の支払者に関する事項；
Details of Payer of Dividends

4 上記「3」の支払者から支払を受ける配当で「1」の租税条約の規定の適用を受けるものに関する事項（注10）；
Details of Dividends received from the Payer to which the Convention mentioned in 1 above is applicable (Note 10)

5 その他参考となるべき事項（注12）；
Others (Note 12)

【裏面に続きます (Continue on the reverse)】

6 日本の税法上、届出書の「2」の外国法人が納税義務者とされるが、租税条約の規定によりその株主等である者（相手国居住者に限ります。）の所得として取り扱われる部分に対して租税条約の適用を受けることとされている場合の租税条約の適用を受ける割合に関する事項等（注4）；

7 日本の税法上、届出書の「2」の団体の構成員が納税義務者とされるが、租税条約の規定によりその団体の所得として取り扱われるものに対して租税条約の適用を受けることとされている場合の記載事項等（注5）；

8 権限ある当局の証明（注13）
Certification of competent authority (Note 13)

○ 代理人に関する事項；この届出書を代理人によって提出する場合には、次の欄に記載してください。
Details of the Agent ; If this form is prepared and submitted by the Agent, fill out the following Columns.

○ 適用を受ける租税条約が特典条項を有する租税条約である場合；
If the applicable convention has article of limitation on benefits

【「特典条項に関する付表（様式17-米）届出書」（参照：国税庁HP）より抜粋】

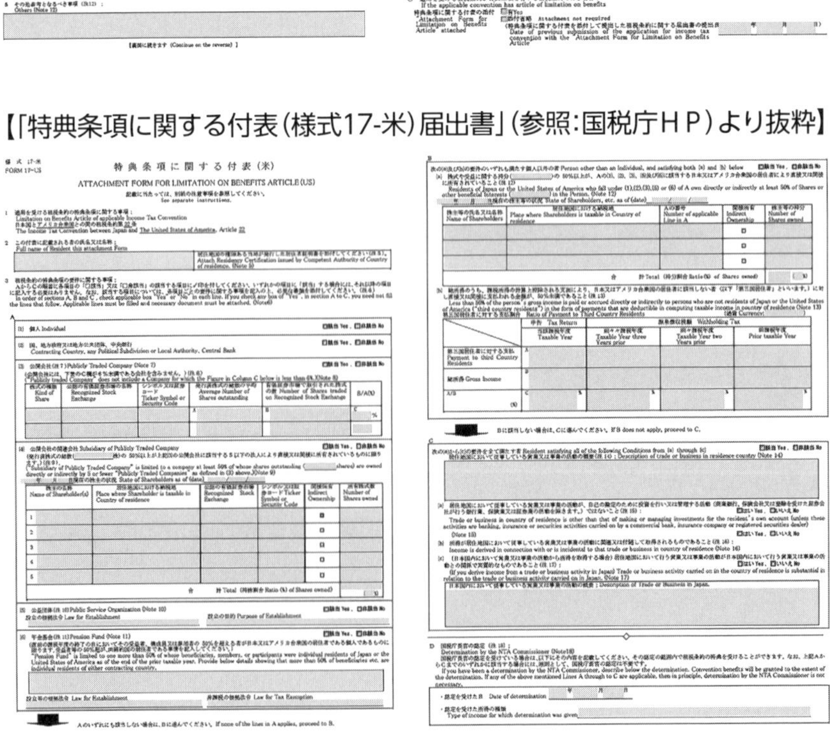

様式 17-米
FORM 17-US

特典条項に関する付表（米）
ATTACHMENT FORM FOR LIMITATION ON BENEFITS ARTICLE (US)

記載に当たっては、別紙の注意事項を参照してください。
See separate instructions.

1 適用を受ける租税条約の特典条項に関する事項；
Limitation on Benefits Article of applicable Income Tax Convention
日本国とアメリカ合衆国との間の租税条約第22条
The Income Tax Convention between Japan and The United States of America, Article 22

2 この付表に記載される者の氏名又は名称；
Full name of Resident this attachment Form

3 租税条約の特典条項の要件に関する事項；

A
(1) 個人 Individual
(2) 国、地方政府又は地方公共団体、中央銀行
Contracting Country, any Political Subdivision or Local Authority, Central Bank
(3) 公開会社 (注7) Publicly Traded Company (Note 7)
(4) 公開会社の関連会社 Subsidiary of Publicly Traded Company
(5) 公益団体 (注10) Public Service Organization (Note 10)
(6) 年金基金 (注11) Pension Fund (Note 11)

Aのいずれにも該当しない場合は、Bに進んでください。If none of the lines in A applies, proceed to B.

B

Bに該当しない場合は、Cに進んでください。If B does not apply, proceed to C.

C

D 国税庁長官の認定（注18）；
Determination by the NTA Commissioner (Note18)

・認定を受けた日 Date of determination　年　月　日

・認定を受けた所得の種類
Type of income for which determination was given

【「租税条約に関する源泉徴収税額の還付請求書」（参照：国税庁HP）より抜粋】

租税条約に関する源泉徴収税額の還付請求書

APPLICATION FORM FOR REFUND OF THE OVERPAID WITHHOLDING TAX OTHER THAN REDEMPTION OF SECURITIES WHICH ARE SUBJECT TO WITHHOLDING TAX AT THE TIME OF ISSUE AND REMUNERATION DERIVED FROM RENDERING PERSONAL SERVICES EXERCISED BY AN ENTERTAINER OR A SPORTSMAN IN ACCORDANCE WITH THE INCOME TAX CONVENTION

INSTRUCTIONS

海外の証券口座にある日本法人株式

Q5-9 海外居住親族が日本法人株式を承継した後、当該日本法人株式を居住している国の証券会社に移管して預けることにしました。将来、この海外居住親族がさらに相続や贈与により日本法人株式を海外に住んでいる子らに承継させる場合、日本の相続税や贈与税はまたかかるのでしょうか。また、相続手続きで何か留意すべき点がありますか

ポイント

- 海外の証券口座に保管していても、日本法人の発行した株式である以上、相続・贈与のたびに日本の相続税・贈与税がかかる
- 日本法人の発行した株式であっても、現地の法律次第では親族の居住地国で課税が発生する可能性がある
- 日本法人の株式であっても、海外の証券口座に預けている場合には、現地のルールに従い手続きが必要になる

【回答】

1 日本国内での納税義務

非居住贈与者ならびに非居住被相続人が一定の要件を満たす非居住者

へ財産を贈与又は相続で承継した場合、日本では国内財産のみが課税対象となります。当該一定の要件とは、受贈者ならびに相続人が日本国籍を保有している前提では、贈与又は相続発生より10年以前に日本に住所がない場合、受贈者ならびに相続人が日本国籍を保有していていない前提では、贈与又は相続発生時に日本に住所がない場合をいいます。また、株式が日本の国内財産に該当するかどうかについては、「株式の発行法人の本店又は主たる事務所の所在地」が国内にあるか否かにより判定を行います。よって、今回のように対象財産が日本法人株式の場合、渡す側（贈与者、被相続人）及び受け取る側（受贈者、相続人）が共に海外居住者であり、かつ居住地国の証券会社に株式が預入されていたとしても、対象財産が国内財産となり日本で贈与税又は相続税が課税されます。

【贈与税及び相続税の納税義務者区分と課税財産の範囲】

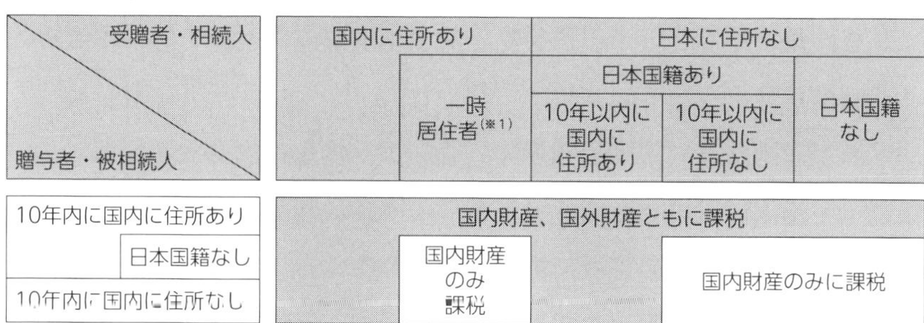

※1　贈与又は相続時に一定の在留資格を有する者で、贈与又は相続前15年以内の国内居住期間の合計が10年以下であるもの

【財産の所在地判定】

財産の種類	所在の判定
動産	動産の所在地
不動産又は不動産の上に存する権利	不動産の所在地
預金等	受入れをした営業所又は事業所の所在地
生命保険、損害保険契約などの保険金	契約を締結した保険会社の本店又は主たる事務所の所在地

社債、株式、法人に対する出資又は外国預託証券	社債若しくは株式の発行法人、出資されている法人、又は外国預託証券に係る株式の発行法人の本店又は主たる事務所の所在地
合同運用信託、投資信託及び外国投資信託、特定受益証券発行信託又は法人課税信託に関する権利	信託の引受けをした営業所又は事業所の所在地

2 現地国での取扱い

(1) 米国

① 税金面

Q5-4に記載のように、財産を渡す側（被相続人又は贈与者）が米国居住者の場合、米国においては全世界財産課税となります。よって今回の場合、対象となっている株式は、日本での課税に加えて米国でも課税の対象となるため、二重課税が生じます。この二重課税を調整する為、日米租税条約上及び米国国内法上にて外国税額控除制度が定められています。

イ）米国法上の外国税額控除（Credit for foreign death taxes）

米国における遺産税（※贈与の場合は贈与税）の対象は、米国市民又は米国居住者に相続が発生したことにより（※贈与の場合においては、贈与したことにより）生ずる、当該被相続人（贈与者）が保有していた米国国外財産に対して、所在する現地国で納付された遺産税に相当する税金となります。また控除される金額には限度があり、下記のいずれかのうち少ない金額までと定められています。

・国外財産につき、当該国外財産の所在国で実際に納付された金額

・全財産につき計算された遺産税額×（当該国外財産の額／遺産

総額）

また、当該外国税額控除の適用期限は、原則遺産税（※贈与税）の申告期限後4年以内とされています。

ロ）租税条約上の外国税額控除

日米相続税条約第5条には日本と米国の二重課税を避けるための規定が定められています。第一項には、「一方の締結国（米国又は日本）が、その国籍を持つか、又はその国内に住所を持つ被相続人、贈与者、受益者に対して税金を課す場合には、他方の締結国内にある財産に課される税金は、自国の税金から控除される。ただし、この控除は課税対象財産に対する自国の税金を超えないものとする」とされ、内容としては①の米国法上の外国税額控除制度の内容と同じものとなっています。米国法上の外国税額控除制度及び租税条約の第一項では、米国又は日本にある財産に対して税金が課税される場合を想定しており、それ以外の場合で二重課税が生じた場合には、対応できない制度となっています。

一方で同条の第二項には、「日本でも米国でもない“両国外に所在する財産”、若しくは“一方の国が領域内に、もう一方の国が外部に位置するとする財産”に関して、被相続人、贈与者、又は受益者が自国の国籍を持つ、又は自国内に住所を持つことを理由として税金を課す場合、各国は自国の税金から他国が課す税金の部を控除する。この控除の合計は、どちらか低い税金の額に等しく、両国間で比例的に配分される。」とされており、例えば、日本でも米国でもない第三国に財産が所在しているが、日米両国で全世界財産課税の対象者であることにより両国共に課税が発生する場合など、上記に記載した問題点を補完しているような内容です。

② 手続き面

米国では相続が発生した場合、一般的に被相続人の財産は、一時的にプロベート裁判所（Probate Courts）の監督下に置かれます。裁判所により資産管理人（Personal Representative）が指名され、当該資産管理人は裁判所の監督の下、被相続人の財産の把握や債務及び相続税の支払い等を行い、最終的に財産を相続人に分配します。遺言書がある場合と無い場合では手続きの内容及び財産の分配方法が異なり、遺言書がある場合にはその内容に従って、遺言書が無い場合には「遺言の無い相続に係る法律（Intestate Succession Act）」に定められた割合で分配が行われます。

(2) シンガポール

① 税金面

Q5-4に記載のように、シンガポールでは相続税や贈与税は存在しません。よって、シンガポール居住親族がさらに相続や贈与により日本法人株式を海外に住んでいる子らに承継させる場合においても、シンガポールでは課税は生じません。

② 手続き面

シンガポールにおいては相続が発生した場合、一般的に裁判所（Family Justice Courts）の監督下において行われる清算手続を経て、被相続人が残した財産は相続人に引き継がれます。この裁判所の監督下で行われる清算手続は、遺言がある場合と遺言がない場合で内容は異なりますが、共に原則として相続発生後6か月以内に、裁判所に対して申立ての手続きが必要となります。

	Probate（遺言がある場合）	Letters of Administration（遺言がない場合）
申請者	遺言で指定された遺言執行者	故人の財産の管理者（状況に応じて配偶者、子供、両親、兄弟、その他の近親者など）

(3)　中国

①　税金面

Q5-4に記載のように、中国では相続税や贈与税は存在しません。よって、中国居住親族がさらに相続や贈与により日本法人株式を海外に住んでいる子らに承継させる場合においても、中国では課税は生じません。

②　手続き面

中国においては、米国やシンガポールにようにプロベート手続きはありません。日本と同様に、遺言がある場合にはそれに従い、また遺言が無い場合や遺言の内容が有効でない場合には、協議により財産の分割協議を行います。協議による分割が困難である場合は、住民委員会･村民委員会の調停により協議を進めますが､これによっても協議がまとまらない場合、人民法院への訴えを起こす必要があります。

第6章

国外転出時課税制度の概要

国外転出時課税制度の概要

Q6-1 株式を保有している場合の留意点として国外転出時課税制度があるようですが、内容について教えてください

ポイント

■　1億円以上の有価証券等の対象資産を有し、かつ、国内在住期間が5年を超えている日本居住者が国外に転出する際、当該有価証券等の譲渡等があったものとみなして、有価証券等の含み益に対し所得税が課税される

■　対象者本人が国外転出する場合の他、対象者が非居住者へ有価証券等を贈与する場合、対象者が亡くなり非居住者が相続又は遺贈により有価証券等を取得する場合にも同制度の適用がある

【回答】

1 制度の概要

国外転出時課税制度は、原則、過去10年以内に国内在住期間が5年を超えている日本居住者が、時価が1億円以上の有価証券等を所有し、次の（1）～（3）に該当する場合に、有価証券等の譲渡等があったものとみなして、有価証券等の含み益に対して所得税が課税される制度です。

有価証券等の価額の算定について、金融商品取引所に上場されている株式等については基準日の最終価格、未上場株式については原則所得税法上の時価により算定します（所得税法上の時価については、第1章52

頁のコラム参照)。

(1) 居住者が国外転出(国内に住所及び居所を有しないこととなること。以下、この章において「国外転出」という。)をする場合

(2) 居住者が非居住者へ、有価証券等の全部又は一部を贈与する場合

(3) 居住者が亡くなり、非居住者である相続人又は受遺者が有価証券等の全部又は一部を相続又は遺贈により取得する場合

(※1)　以下、この章において、上記 (1) から (3) の場合を「国外転出等」という。

(※2)　過去10年以内5年超の国内在住期間の判定は、上記 (1) から (3) の国外転出等の時点で判定する。

有価証券等の含み益については、原則、有価証券等を譲渡等したときの居住地国において課税されます。含み益を有する有価証券等を保有したまま国外転出等した場合、元の居住地国において課税されない仕組みになっており、こうした仕組みを利用してキャピタルゲイン非課税国において売却することにより課税逃れを行うことが可能となっていました。

そうした課税逃れを防止する観点から、本制度が2015年度税制改正により創設され、2015年7月1日以後に国外転出、贈与、相続・遺贈の事由が生じた場合に適用されます。

2 国外転出時課税の対象となる資産

国外転出時課税の対象資産は、次の (1)～(3) (以下、この章において「有価証券等」という。) です。

(1) 有価証券 (所法2①十七) 及び匿名組合契約の出資の持分 (所法174①九)

NISA口座内の上場株式等、償還差益について発行時に源泉徴収された割引債など、譲渡による所得が非課税となるもの、外国の者の発行す

る有価証券、国外に所有している有価証券等を含みます。

尚、有利な条件で発行された新株予約権（ストック・オプション）、株式を無償又は有利な価額により取得することができる権利を表示する有価証券で国内源泉所得を生ずべきものは、国外転出等の後も日本における国内源泉所得として課税対象となるため、本制度の対象外となります（所令170①）。

(2) 未決済信用取引等（金商法156の24①、所規23の4）

(3) 未決済デリバティブ取引（金商法2⑳）

有価証券等の価額の合計額が1億円以上となるかどうかについては、国外転出等の時に含み益があるかどうかに関わらず、全ての有価証券等の価額の合計額で判定します。

（以下、この章において、国外転出時課税における、有価証券の譲渡及び未決済信用取引等・未決済デリバティブ取引の決済を、「有価証券等の譲渡等」という。）

3 居住者が国外転出する場合

(1) 制度の内容

国外転出の時、又は国外転出の予定日の3か月前の日に、1億円以上の有価証券等を所有等している一定の日本居住者が国外転出をした時に、「国外転出時の価額」又は「国外転出の予定日の3か月前の日の価額」で有価証券等の譲渡等があったものとみなして、有価証券等の含み益に対して所得税が課税されます（所法60の2）。

有価証券等の譲渡等があったものとみなして課税される事業所得の金額、譲渡所得の金額又は雑所得の金額（以下、「譲渡所得等の金額」という。）の計算における対象資産の価額は、次の区分に応じ、それぞれの価額によります。

①　国外転出の日以後に確定申告等をする場合

国外転出の時における有価証券の価額に相当する金額。未決済信用取引等又は未決済デリバティブ取引については、国外転出の時に決済したものとみなして算出した利益の額又は損失の額に相当する金額の合計額

本制度において、未決済信用取引等又は未決済デリバティブ取引について有価証券とは別に定めがありますが、以降は有価証券の取扱いを基準に記載します。

②　国外転出の日前に確定申告をする場合

国外転出の予定日から起算して3か月前の日における有価証券等の価額に相当する金額

国外転出の予定日の3か月前の日から国外転出の時までに有価証券等を取得した場合、その取得時の価額により対象資産に含める必要があります（所60の2①二、②二、③二）。

確定申告の提出期限は、国外転出までに納税管理人の届出を行うかどうかにより異なります（詳細は**Q6-2**参照）。

(2)　対象者

国外転出時課税の対象者は、日本居住者で次の①及び②のいずれにも該当する方です（所法60の2⑤）。

①　国外転出の時に所有等している有価証券等の価額の合計額が1億円以上であること

②　原則、国外転出の日以前10年以内において国内在住期間が5年を超えていること

国内在住期間の判定に当たり、出入国管理及び難民認定法別表第一の上欄の在留資格（外交、教授、芸術、高度専門職、医療、企業内転勤、留学など）で在留していた期間は、国内在住期間に含まないこととされ

ています（所令170③一）（以下、贈与、相続・遺贈のケースについても同じ）。

また、居住者が国外転出時課税に係る納税猶予の特例の適用を受けていた期間があるときは、その適用を受けていた期間（国外転出、贈与、相続等の日から納税猶予に係る期限までの期間）を、上記要件②の国内在住期間に含むこととされています（所令170③）。

(3) 譲渡所得等に係る譲渡損失の取扱い

譲渡所得等の金額の計算に当たり譲渡損失が生じることとなる場合、その損失の額は、通常の所得金額の計算と同様に、一般株式等の譲渡に係る損失の金額は、他の一般株式等の譲渡に係る譲渡所得等の金額から、上場株式等の譲渡に係る損失の金額は、他の上場株式等の譲渡に係る譲渡所得等の金額から控除することが可能です（措法37の10、37の11）。また、一定の場合には上場株式等に係る譲渡損失について、上場株式等に係る譲渡損失の損益通算等の特例の適用を受けることも可能です（措法37の12の2②十一）（以下、贈与、相続・遺贈のケースについても同じ。）。

4 居住者が非居住者に贈与する場合

(1) 制度の内容

贈与時に1億円以上の有価証券等を所有等している一定の居住者が非居住者へ有価証券等の全部又は一部の贈与（死因贈与を除く。）をした時に、「贈与時の価額」で有価証券等の譲渡等があったものとみなして、有価証券等の含み益に対して所得税が課税されます（所法60の3）。

(2) 対象者

国外転出（贈与）時課税の対象者は、非居住者へ対象資産の全部又は一部を贈与する日本居住者で、次の①及び②のいずれにも該当する方です（所法60の3⑤）。

① 贈与時に所有等している有価証券等の価額の合計額が1億円以上であること

② 原則、贈与の日以前10年以内において国内在住期間が5年を超えていること

有価証券等の価額の合計額が1億円以上となるかどうかについては、非居住者へ贈与した有価証券等の価額の合計額のみで判定するのではなく、贈与者が贈与の時に所有等している全ての有価証券等の価額の合計額で判定します。

また、贈与者が国外転出時課税に係る納税猶予の特例の適用を受けていた期間があるときは、その適用を受けていた期間（国外転出、贈与、相続等の日から納税猶予に係る期限までの期間）を上記要件②の国内在住期間に含むこととされています（所令170の2①）。

5 居住者が非居住者に相続・遺贈する場合

(1) 制度の内容

相続開始の時点で1億円以上の有価証券等を所有等している一定の居住者が亡くなり、国外に居住する相続人又は受遺者（以下、「非居住者である相続人等」という。）が有価証券等の全部又は一部を相続又は遺贈（死因贈与を含み、限定承認に係るものを除く。）により取得した場合、「相続開始日の価額」で対象資産の譲渡等があったものとみなし、対象資産の含み益に対して被相続人に所得税が課税されます（所法60の3）。

(2) 対象者

次の、①及び②のいずれにも該当する日本居住者が亡くなった場合において、非居住者である相続人等がその相続又は遺贈により有価証券等を取得したとき、その亡くなった方が国外転出（相続）時課税の対象者

となり、準確定申告において譲渡所得等の申告をします（所法60の3⑤）。

① 相続開始の時に所有等している有価証券等の価額の合計額が1億円以上であること

② 原則、相続開始の日以前10年以内において国内在住期間が5年を超えていること

有価証券等の価額の合計額が1億円以上となるかどうかについては、非居住者である相続人等が取得した有価証券等の価額の合計額のみで判定するのではなく、被相続人が相続開始の時に所有等していた全ての有価証券等の価額の合計額で判定します。

国外転出（相続）時課税の対象となる資産は、非居住者である相続人等が相続又は遺贈により取得をした資産に限られますが、対象となる資産を取得したか否かに関わらず、国外転出（相続）時課税の対象となる被相続人（以下、この章において「適用被相続人」という。）の相続人等は、適用被相続人の準確定申告及び納税をする必要があります。

また、適用被相続人が国外転出時課税に係る納税猶予の特例の適用を受けていた期間があるときは、その適用を受けていた期間（国外転出、贈与、相続等の日から納税猶予に係る期限までの期間）を、上記要件②の国内在住期間に含むこととされています（所令170の2①）。

国外転出時課税制度の手続き

Q6-2 国外転出時課税制度が適用される場合の手続きを教えてください

ポイント

■　国外転出時課税の対象者は、国外転出等の事由が生じる日の属する年の所得税確定申告及び納税等を行う

【回答】

1 居住者が国外転出する場合

国外転出時課税の対象者は、国外転出の日の属する年の所得税確定申告及び納税をする必要があります。確定申告の提出期限は、納税管理人の届出を行うかどうかにより異なります。

①　国外転出の時までに納税管理人の届出をした場合

原則として、通常の確定申告の提出期間（国外転出をした日の属する年の翌年2月16日から3月15日までの期間）に、その年の各種所得の金額に国外転出時課税の適用による所得を含めて確定申告及び納税をする必要があります（所法60の2①一、②一、③一、120①、128)。

②　納税管理人の届出をしないで国外転出をする場合

国外転出の時までに、その年の1月1日から国外転出の時までの間の各種所得の金額に国外転出時課税の適用による所得を含めて準確定申告及び納税をする必要があります（所法60の2①二、②二、③二、127①、130)。

① 国外転出の時までに納税管理人の届出をした場合

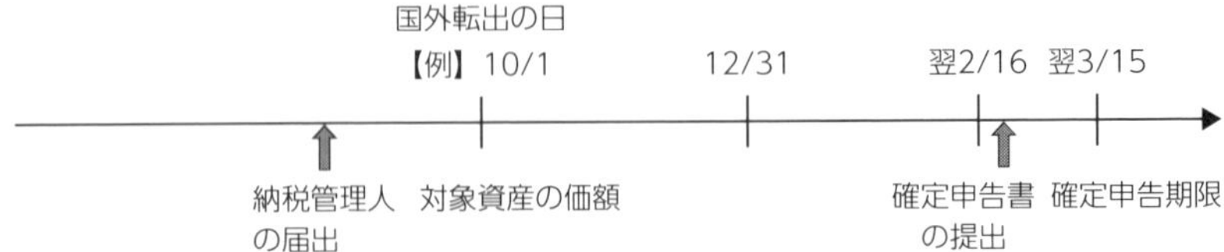

② 納税管理人の届出をしないで国外転出をする場合

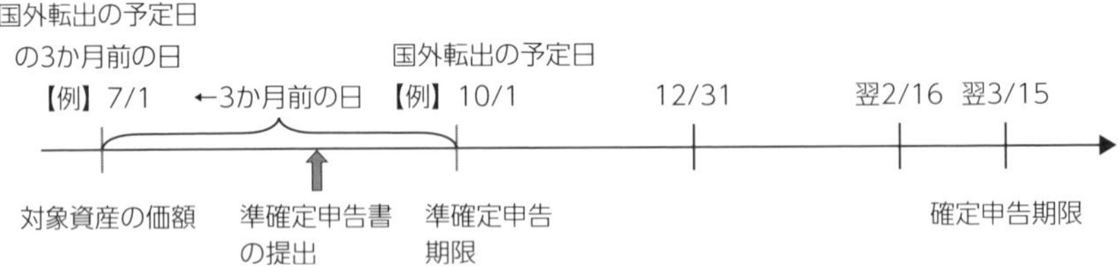

2 居住者が非居住者に贈与する場合

国外転出（贈与）時課税の対象となる贈与者は、贈与をした日の属する年分の確定申告期限までに、その年の各種所得の金額に国外転出（贈与）時課税の適用による所得を含めて確定申告及び納税をする必要があります（所法60の3①～③、120①、128）。

居住者が非居住者に贈与する場合

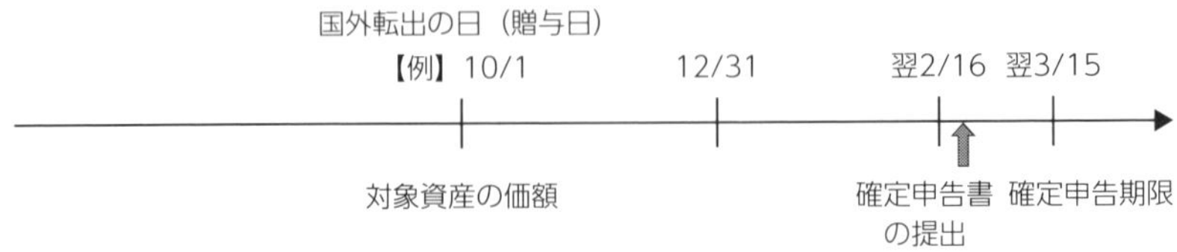

また、受贈者は贈与税の納税義務者、贈与税の課税財産の範囲に従い、贈与税の課税の対象となる財産について贈与税の申告をする必要があります（相法1の4①二、四、2の2、10）。

3 居住者が非居住者に相続・遺贈する場合

国外転出（相続）時課税の対象となる被相続人の相続人等は、相続開始があったことを知った日の翌日から4か月を経過した日の前日までに、相続開始年の各種所得の金額に国外転出（相続）時課税の適用による所得を含めて適用被相続人の準確定申告及び納税をする必要があります（所法60の3①～③、125①、129）。

居住者が非居住者に相続・遺贈する場合

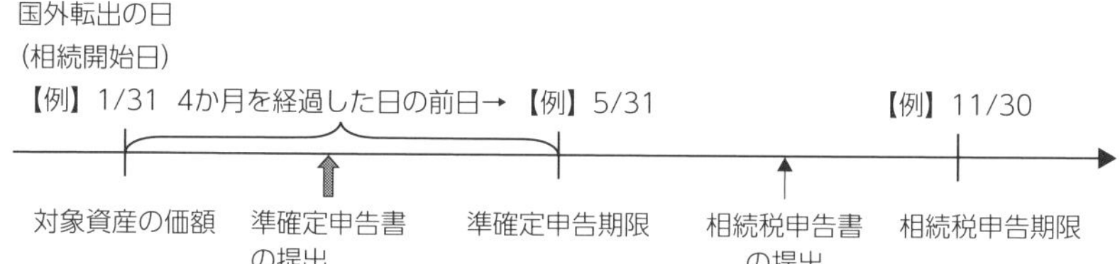

また、相続人等は相続税の納税義務者、相続税の課税財産の範囲に従い、相続税の課税の対象となる財産について相続税の申告をする必要があります（相法1の3①一～四、2、10）。適用被相続人の相続税申告において相続人等は、債務控除の適用対象者である場合、適用被相続人の国外転出（相続）時課税に係る準確定申告の所得税額等を、債務として遺産総額から差し引くことができます。ただし、納税猶予の特例の適用を受ける場合は、その納税猶予分の所得税額は、適用被相続人の相続税申告において債務控除の対象となりません（相法14③）。

以上の3つのケースの納税について、国外転出の時までに納税管理人の届出をするなど一定の手続きを行った場合には、納税猶予の特例の適用を受けることができます（詳細は**Q6-3**参照）。

納税猶予の特例

Q6-3 国外転出時課税制度が適用される場合に納税猶予の特例の適用を受けることができるようですが、その内容及び手続きについて教えてください

ポイント

■ 日本の居住者の国外転出や非居住者への贈与、相続等（国外転出等）に係る国外転出時課税制度に関して、納税管理人の届出をするなど一定の手続きを行った場合には、国外転出時課税の納税猶予の特例の適用を受けることができる。この場合、その国外転出等の日の属する年分の所得税のうち、一定の計算により納税猶予額として計算された所得税額について、その国外転出等の日から5年4か月を経過する日までその納税が猶予される

■ 更に、国外転出等の日から5年を経過する日までに「期限延長届出書」を所轄税務署長へ提出することにより、納税猶予の期限を5年延長（最長10年4か月）することができる

【回答】

1 居住者が国外転出する場合

(1) 納税猶予の適用にかかる手続きについて

対象となる有価証券等(※1)に係る納税猶予分の所得税(※2)について、納税猶予の特例の適用を受けるためには、まず、国外転出の時までに所

轄税務署へ納税管理人の届出をする必要があります。

そして、その年分の確定申告書に、納税猶予の特例の適用を受けようとする旨の記載をするとともに、「国外転出等の時に譲渡又は決済があったものとみなされる対象資産の明細書」及び「国外転出をする場合の譲渡所得等の特例等に係る納税猶予猶予分の所得税及び復興特別所得税の額の計算書」（以下、**Q6-3**において「納税猶予のための明細書及び計算書」という。）を添付します。また、当該申告書の提出期限までに、納税猶予分の所得税額及び対応する利子税額に相当する担保を提供する必要があります（所法137の2①、③）。この特例の適用を受けた場合には、国外転出の日の属する年分の所得税のうち、適用有価証券等に係る納税猶予分の所得税について、その国外転出の日から5年4か月を経過する日まで、その納税が猶予されます（所法137の3①、④）

（※1）　国外転出時課税の対象となる有価証券等のうち、その年分の所得税の確定申告期限までに引き続き有し、又は決済していないものに限ります（以下、**Q6-3**において納税猶予の対象となった有価証券等を「適用有価証券等」という。）。

（※2）　納税猶予分の所得税は、①に掲げる金額から②に掲げる金額を控除して計算されます。

①　国外転出の日の属する年分の所得税の年税額

②　適用有価証券等について国外転出時課税の適用を受けないものとした場合における国外転出の日の属する年分の所得税の年税額

そして、当該申告書の提出以後、納税猶予の期限が確定する日までの間は、各年の12月31日において所有等している適用有価証券等について、引き続き納税猶予の特例の適用を受けたい旨などを記載した「国外転出をする場合の譲渡所得等の特例等に係る納税猶予の継続適用届出書」（以下、**Q6-3**において「継続適用届出書」という。）を、同日の属する年の翌年3月15日までに、所轄税務署長へ提出しなければなりません（所法137の2⑥）。

また、国外転出の日から5年を経過する日までに、一定の期限延長届出書を所轄税務署へ提出することにより、納税猶予の期限を5年延長することができます（所法137の2③）。

納税猶予の手続き（時系列）

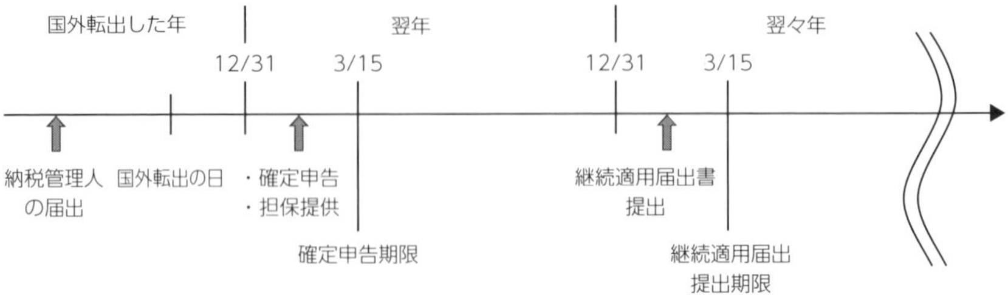

(2) 納税猶予の期限確定等について

適用有価証券等について、譲渡、決済又は贈与（以下、**Q6-3**において「譲渡・贈与等」という。）があった場合には、納税猶予分の所得税のうち、その譲渡・贈与等があった有価証券等に対応する部分の金額に相当する所得税について、納税猶予の期限が確定するため、その譲渡・贈与等があった日から4か月以内に、その相当する所得税を利子税と併せて納付する必要があります（所法137の2⑤、⑫）。そして、その譲渡・贈与等があった日から4か月以内に、当該有価証券等の種類、名称又は銘柄及び単位数等の事項を記載した書類を所轄税務署へ提出しなければなりません（所令266の2⑦）。

また、当該有価証券等の譲渡・贈与等の時における価額が国外転出の時の価額よりも下落している場合には、国外転出の時において、その下落した価額でその有価証券等を譲渡等したものとみなして、国外転出時課税の申告をした年分の所得税を再計算するなどの減額措置もあります（詳細は**Q6-4**参照。）。

最終的に、国外転出の日から5年又は10年を経過する日等（納税猶予期間の満了日）になった場合には、その翌日以後4か月を経過する日までに、納税を猶予されていた所得税及び利子税を納付する必要があります（所法137の2①）。

2 居住者が非居住者に贈与する場合

(1) 納税猶予の適用にかかる手続きについて

納税猶予の特例の適用を受けるためには、国外転出（贈与）時課税の申告をする方（以下、「贈与者」という。）が、その年分の確定申告書に納税猶予の特例の適用を受けようとする旨を記載するとともに、「納税猶予のための明細書及び計算書」を添付し、その年分の確定申告書の提出期限までに、納税を猶予される所得税額及び利子税額に相当する担保を提供する必要があります（所法137の3①）。

この特例の適用を受けた場合には、贈与の日の属する年分の所得税のうち、適用有価証券等に係る贈与納税猶予分の所得税(※3)について、その贈与の日から5年4か月を経過する日まで、その納税が猶予されます（所法137の3①、④）。なお、国外転出（贈与）時課税に係る納税猶予の特例の適用を受ける場合には、贈与者は受贈者へ当該特例を適用する旨を通知することになります。

（※3）　贈与納税猶予分の所得税とは、①に掲げる金額から②に掲げる金額を控除して計算されます。

①　贈与の日の属する年分の所得税の年税額

②　適用有価証券等について国外転出（贈与）時課税の適用を受けないものとした場合における贈与の日の属する年分の所得税の年税額

当該贈与者は確定申告書の提出後、納税猶予の期限が確定する日までの間は、各年の12月31日において受贈者が所有等している適用有価証券等につき、引き続き、納税猶予の特例の適用を受けたい旨など一定の事項を記載した「継続適用届出書」を、同日の属する年の翌年3月15日までに、所轄税務署長へ提出しなければなりません（所法137の3⑦）。

また、贈与の日から5年を経過する日までに、一定の期限延長届出書を所轄税務署へ提出することにより、納税猶予の期限を5年延長することができます（所法137の3③）。

納税猶予の手続き（時系列）

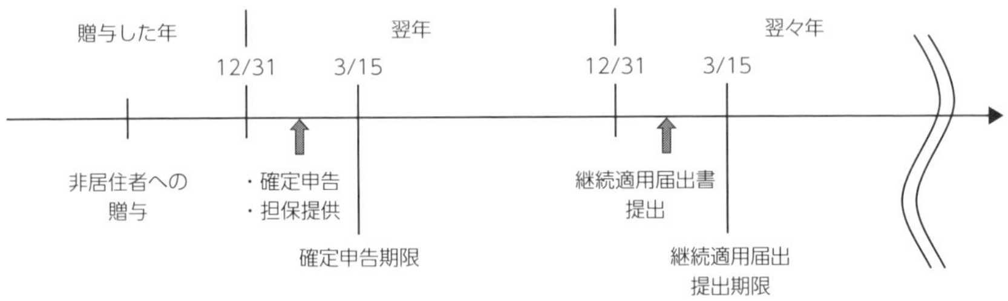

(2) 納税猶予の期限確定等について

適用有価証券等について受贈者が譲渡・贈与等をした場合には、贈与納税猶予分の所得税のうち、その譲渡・贈与等があった有価証券等に対応する部分の金額に相当する所得税について、納税猶予の期限が確定するため、贈与者は、その譲渡・贈与等があった日から4か月以内に、その相当する所得税を利子税と併せて納付する必要があります（所法137の3②）。また、贈与者はその譲渡・贈与等があった日から4か月以内に当該有価証券等の種類、名称又は銘柄及び単位数等の事項を記載した書類を所轄税務署長へ提出しなければなりません（所令266の3⑮）。

なお、当該有価証券等の譲渡・贈与等をした受贈者は一定の譲渡等をした旨を、譲渡・贈与等があった日から2か月以内に贈与者に対して通知しなければなりません（所法60の3⑨）。

また、当該有価証券等の譲渡・贈与等の時における価額が、当初贈与の時の価額よりも下落している場合には、一定の減額措置もあります（詳細は**Q6-4**参照）。

最終的に、納税猶予期間の満了日（贈与日から5年又は10年を経過する日等）まで納税猶予が継続した場合には、贈与者は、その満了日の翌日以後4か月を経過する日までに納税を猶予されていた所得税及び利子税を納付する必要があります（所法137の3①）。

3 居住者が非居住者に相続・遺贈する場合

（1）納税猶予の適用にかかる手続きについて

納税猶予の特例の適用を受けるためには、被相続人の当該年分の所得税に係る準確定申告期限までに納税管理人の届出書を提出する必要があります。当該届出書は、適用有価証券等を取得した非居住者である相続人等が2人以上いるときは、当該相続人等が連署による書面で提出しなければなりません（所法137の3②、所令266の3⑥）。ただし、他の当該相続人等の氏名を付記して各別に納税管理人の届出書を提出することもできますが、その場合は、遅滞なく、他の非居住者である相続人等に対し、その納税管理人の届出書に記載した内容を通知しなければなりません（所令266の3⑥、⑦）。準確定申告書には納税猶予の特例の適用を受けようとする旨を記載するとともに、「納税猶予のための明細書及び計算書」を添付し、準確定申告書の提出期限までに、納税を猶予される所得税額及び利子税額に相当する担保を提供する必要があります。

この特例の適用を受けた場合には、相続開始の日の属する年分の所得税のうち、適用有価証券等に係る相続等納税猶予分の所得税[※4]について、その相続開始の日から5年4か月を経過する日まで、その納税が猶予されます（所法137の3②）。

（※4）　相続等納税猶予分の所得税は、①に掲げる金額から②に掲げる金額を控除して計算されます。

①　相続開始の日の属する年分の所得税の年税額

②　適用有価証券等について国外転出（相続）時課税の適用を受けないものとした場合における相続開始の日の属する年分の所得税の年税額

適用被相続人の相続人等は準確定申告書の提出後、納税猶予の期限が確定する日までの間は、各年の12月31日において当該相続人等が所有等している適用有価証券等につき、引き続き納税猶予の特例の適用を受けたい旨など一定の事項を記載した「継続適用届出書」を同日の属する年の翌年3月15日までに、所轄税務署長へ提出しなければなりません（所法137の3⑦）。

また、相続開始の日から5年を経過する日までに、一定の期限延長届出書を所轄税務署へ提出することにより、納税猶予の期限を5年延長することができます（所法137の3③）。

納税猶予の手続き（時系列）

確定申告期限が相続開始の年の12月31日後に到来する場合

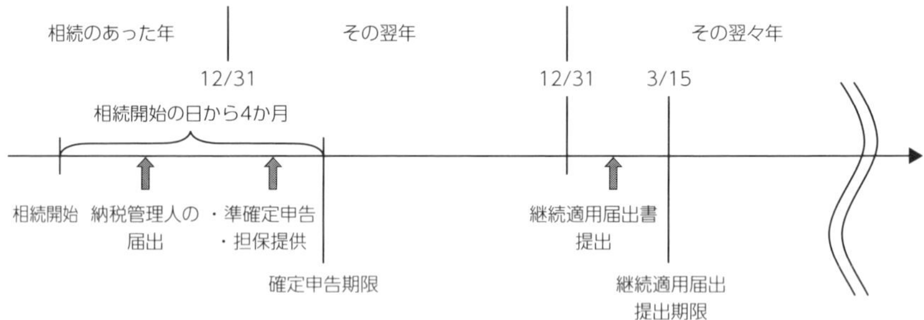

(2) 納税猶予の期限確定等について

当該相続人等が適用有価証券等について譲渡・贈与等をした場合には、相続等納税猶予分の所得税のうち、その譲渡・贈与等に対応する部分の金額に相当する所得税について、納税猶予の期限が確定するため、適用被相続人の相続人等は、その譲渡・贈与等があった日から4か月以内に、その相当する所得税を利子税と併せて納付する必要があります（所法137の3②）。また、当該相続人等は、その譲渡・贈与等があった日から4か月以内に当該有価証券等の種類、名称又は銘柄及び単位数等の事項を記載した書類を所轄税務署長へ提出しなければなりません（所令266

の3⑮)。

また、当該有価証券等の譲渡・贈与等の時における価額が相続開始の時の価額よりも下落しているときは、一定の減額措置があります（詳細は**Q6-4**参照。)。

最終的に、納税猶予期間の満了日（相続開始の日から5年又は10年を経過する日等）までに納税猶予が継続した場合には、納税猶予期間の満了日の翌日以後4か月を経過する日までに納税を猶予されていた所得税及び利子税を納付する必要があります（所法137の3②)。

4 担保の提供等について

(1) 担保提供できる財産

国外転出時課税制度の納税猶予の特例の適用を受けるためには、その所得税の申告書の提出期限までに、納税猶予の所得税額及び納税猶予期間中の利子税額の合計額に相当する担保を提供する必要があります（所法137の2)。

納税猶予の特例の適用を受けるための担保として提供できる財産は、次の①及び②に掲げる財産です。

① 所得税法施行令に定める手続きにより担保提供する財産

・株券不発行会社に係る非上場株式

・持分会社の社員の持分

② 国税通則法施行令に定める手続きにより担保提供する財産

・不動産

・国債・地方債

・税務署長が確実と認める有価証券

・税務署長が確実と認める保証人の保証　など

担保提供に関する提出書類について、共通するものとしては担保提供書と担保目録があります。その他については、提供する担保財産の種類（株券不発行会社に係る非上場株式、持分会社の社員の持分等）によって、それぞれ提出書類が異なります。

(2) 利子税の計算について

納税猶予期間中に適用有価証券等の全部又は一部を譲渡・贈与等して納税猶予期限が確定した場合又は納税猶予期間が満了した場合には、法定申告期限の翌日から納税猶予期限までの期間について利子税がかかります。利子税の割合は、年7.3％と利子税特例基準割合(※)のいずれか低い割合を適用します（所法137の2⑫、137の3⑭、措法93①一）。

（※） 利子税特例基準割合とは、各年の前々年の9月から前年の8月までの各月における銀行の新規の短期貸出約定平均金利の合計を12で除して得た割合として各年の前年の11月30日までに財務大臣が告示する割合に、年0.5％を加算した割合をいいます（措法93②）。

減額措置

Q6-4 国外転出時課税が適用される場合に、減額措置等はないでしょうか

ポイント

一定の要件の下、主に以下の減額措置等がある。

		国外転出	国外転出（贈与）	国外転出（相続）
５年以内に帰国した場合の課税の取消し		○	○	○
納税猶予の特例の適用を受けた場合	5年又は10年（納税猶予の特例の適用を受け、更に猶予の期限を延長した場合）以内に帰国した場合の課税の取消し	○	○	○
	譲渡等の価額が転出時の価額より下落している場合の所得税の減額	○	○	○
	納税猶予満了日の価額が転出時の価額より下落している場合の所得税の減額	○	○	○
	譲渡等した際に外国所得税との二重課税が生じる場合の外国税額控除の適用	○	適用なし	適用なし

【回答】

1 居住者が国外転出する場合

(1) 5年以内帰国

国外転出時課税の申告をした者が、国外転出の日から5年以内（納税猶予の特例の適用を受け、納税猶予の期限の延長をしている場合は10年以内、以下同じ。）に帰国をした場合、その帰国の時まで引き続き所

有等している有価証券等については、国外転出時課税の適用がなかったものとして、課税の取消しをすることができます（所法60の2⑥一、⑦）。帰国とは、国内に住所を有し、又は現在まで引き続いて1年以上居所を有することとなることをいいます。

また、国外転出の日から5年以内に、国外転出者が居住者に有価証券等を贈与した場合には、その贈与により移転のあった有価証券等について、国外転出時課税の適用がなかったものとして、課税の取消しをすることができます（所法60の2⑥二）。また、国外転出時課税の申告をした者が亡くなり、その者が国外転出をした日から5年以内に、有価証券等を相続又は遺贈により取得した非居住者の相続人等の全てが居住者となった場合にも、その相続又は遺贈により移転のあった有価証券等について、国外転出時課税の適用がなかったものとして、課税の取消しをすることができます（所法60の2⑥三）。

課税の取消しをするためには、上記帰国等の事由が生じた日から4か月以内に更正の請求又は修正申告を行う必要があります（所法151の2①、153の2①）。

(2) 納税猶予の特例の適用

国外転出の時までに納税管理人の届出をし、一定の手続きを行う場合には、国外転出時課税の納税猶予の特例の適用を受けることができます。この特例の適用を受けた場合には、国外転出の日の属する年分の所得税のうち、国外転出時課税にかかる納税猶予分の所得税について、国外転出の日から5年（又は10年）4か月を経過する日まで納税が猶予されます（納税猶予の詳細は**Q6-3**参照）。

(3) 納税猶予期間中の実際の譲渡時の価額の下落による所得税の減額

納税猶予期間中に国外転出時課税の対象となった有価証券等を譲渡等（当該（3）において贈与等を含む。）した場合に、その譲渡等の価額が国外転出の時の有価証券等の価額よりも下落しているときは、国外転出の時にその下落した価額で有価証券等を譲渡等したものとみなして、国外転出時課税の申告をした年分の所得税を再計算することができます(所法60の2⑧)。

この場合、その譲渡等の日から4か月以内に更正の請求をして、所得税を減額することになります（所法153の2②)。

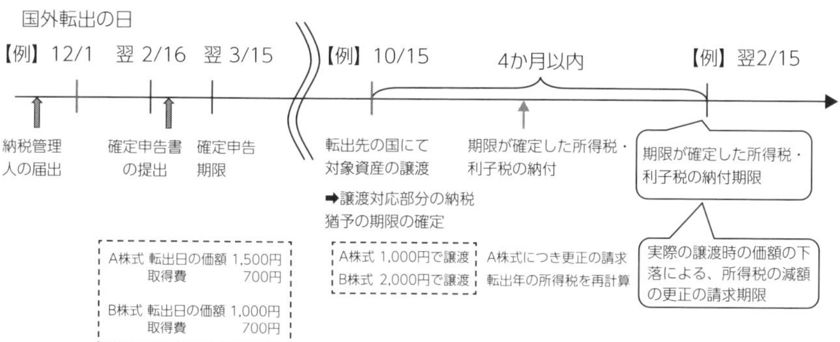

また、国外転出の時までに納税管理人の届出をしている者が、国外転出の日以後、翌年の3月15日の確定申告期限までに有価証券等を譲渡等した場合には、その譲渡した有価証券等については納税猶予の特例の適用を受けることはできませんが（所法137の2①)、その譲渡価額が国外転出の時の価額よりも下落している場合には、国外転出の時にその譲渡価額で有価証券等を譲渡等したものとみなして申告することができます(所法60の2⑨)。

納税猶予の特例を適用している者が、国外転出の日から5年以内に有価証券等を贈与により居住者に移転した場合で、かつ、贈与時の価額が国外転出の時の価額を下回るときは、上記（1）5年以内帰国、及び当該（3）実際の譲渡時の価額の下落による減額、のいずれの要件にも該当することとなり、いずれかの規定の適用を選択することができます(所基通60の2-11)。

(4) 納税猶予期間満了日の価額の下落による所得税の減額

納税猶予の特例の適用を受けている場合に、納税猶予期間の満了日に、国外転出の時から引き続き所有等している有価証券等の価額が国外転出の時の価額より下落しているときは、国外転出の時に納税猶予期間の満了日の価額でその有価証券等を譲渡等したものとみなして、国外転出時課税の申告をした年分の所得税を再計算することができます（所法60の2⑩）。その場合、納税猶予期間の満了日から4か月以内に、国外転出時課税の適用を受けた年分の所得税について更正の請求をして、所得税を減額することになります（所法153の2③）。

(5) 外国税額控除

納税猶予期間中に国外転出時課税の対象となった有価証券等を譲渡等した場合に、国外転出先の国等で日本の国外転出時課税による納税を考慮しないときは、譲渡時に納付する外国所得税について、国外転出の日の属する年にその外国所得税を納付したものとみなして、日本で外国税額控除を適用できます。この措置により、国外転出時課税によるみなし課税と、国外転出先の国等における実際の譲渡等に対する課税との二重課税を調整することができます（所法95の2）。

外国税額控除の適用では、外国所得税を納付することとなる日、又は実際に納付した日から4か月以内に、国外転出時課税の適用を受けた年分の所得税確定申告について更正の請求をして、所得税を減額することになります。更正の請求書に、外国税額控除に関する明細書、外国所得税を課されたことを証する書類その他一定の書類を添付する必要があります（所法95⑩、所規43）。このとき、外国税額控除の控除限度額の計算において有価証券等の譲渡等による所得は、国外源泉所得に該当するものとして国外所得金額を算出します（所令226の2②）。

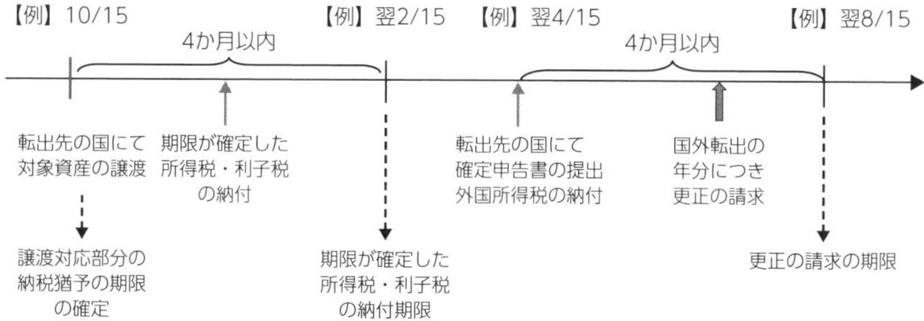

また、国外転出の時までに納税管理人の届出をしている者が、国外転出の日以後、翌年の3月15日の確定申告期限までに有価証券等を譲渡等した場合には、その譲渡した有価証券等については納税猶予の特例の適用を受けることはできませんが（所法137の2①)、外国税額控除の適用を準用することができます（所法95の2②)。

(6) 減額措置の適用における留意点

上記（3）実際の譲渡時の価額の下落による減額、(4) 納税猶予期間満了日の下落による減額、(5) 外国税額控除の適用のいずれの措置も、原則､納税猶予の特例の適用を受けていない場合には適用がありません。また、納税猶予期間中にこれらの減額措置を受けるタイミングで納税猶予の全部又は一部が打切りになり、納税猶予分の所得税と利子税を納付することとなりますので、減額措置によるメリットと利子税の負担によるデメリットを考慮する必要があります（**Q6-7**の即時納税と納税猶予の比較も参照)。

2 居住者が非居住者に贈与、又は相続・遺贈する場合

(1) 5年以内帰国

受贈者が贈与の日から5年以内（納税猶予の特例の適用を受け、猶予の期限の延長をしている場合は10年以内、以下同じ。）に帰国をした場合、又は、非居住者である相続人等が相続開始の日から5年以内に帰国

をした場合、その帰国の時まで引き続き所有等している有価証券等については、贈与者又は適用被相続人の相続人等は、国外転出時課税の適用がなかったものとして、課税の取消しをすることができます（所法60の3⑥一、⑦）。

また、贈与又は相続開始の日から5年以内に、受贈者又は非居住者である相続人等が有価証券等を居住者に贈与した場合には、その贈与により移転のあった有価証券等について、国外転出時課税の適用がなかったものとして、課税の取消しをすることができます（所法60の3⑥二）。また、受贈者又は非居住者である相続人等が亡くなり、その贈与の日又は適用被相続人の相続開始の日から5年以内に、有価証券等を相続又は遺贈により取得した相続人及び受遺者の全てが居住者となった場合にも、その相続又は遺贈により移転のあった有価証券等について、国外転出時課税の適用がなかったものとして、課税の取消しをすることができます（所法60の3⑥三）。

課税の取消しをするためには、受贈者又は非居住者である相続人等が帰国等した日から4か月以内に更正の請求又は修正申告を行う必要があります（所法151の3①、153の3①）。

(2) 納税猶予の特例の適用

国外転出（贈与・相続）時課税の対象となる贈与者、又は適用被相続人の相続人等が、国外転出時課税の申告期限までに一定の手続きを行う場合には、国外転出時課税の納税猶予の特例の適用を受けることができます。この特例の適用を受けた場合には、贈与の日、又は相続開始の日の属する年分の所得税のうち、国外転出時課税にかかる納税猶予分の所得税額については、国外転出の日から5年（又は10年）4か月を経過する日まで納税が猶予されます（納税猶予の詳細は**Q6-3**参照）。

(3) 納税猶予期間中の実際の譲渡時の価額の下落による所得税の減額

納税猶予期間中に国外転出時課税の対象となった有価証券等を、受贈者又は適用被相続人の相続人等が譲渡等（当該 (3) において贈与等を含む。）した場合に、その譲渡等の価額が贈与、又は相続開始の時の有価証券等の価額よりも下落しているときは、贈与者又は適用被相続人の相続人等は、贈与又は相続開始の時にその下落した価額で有価証券等を譲渡等したものとみなして、国外転出（贈与・相続）時課税の申告をした年分の所得税を再計算することができます（所法60の3⑧）。

この場合、贈与者又は適用被相続人の相続人等は、その譲渡等の日から4か月以内に更正の請求をして、所得税を減額することになります（所法153の3②）。

また、国外転出（贈与・相続）時課税の確定申告期限までに、受贈者又は適用被相続人の相続人等が有価証券等を譲渡等した場合には、その譲渡等した有価証券等については納税猶予の特例の適用を受けることはできませんが（所法137の3①）、その譲渡価額が贈与又は相続開始の時の価額よりも下落しているときには、贈与者又は適用対象被相続人の相続人等は、贈与又は相続開始の時にその譲渡価額で有価証券等を譲渡等したものとみなして申告することができます（所法60の3⑩）。

(4) 納税猶予期間満了日の価額の下落による所得税の減額

納税猶予の特例の適用を受けている場合に、納税猶予期間の満了日に、受贈者が贈与の時、又は適用被相続人の相続人等が相続開始の時から引き続き所有等している有価証券等の価額が、贈与又は相続開始の時の価額より下落しているときには、贈与者又は適用対象被相続人の相続人等は、贈与又は相続開始の時に納税猶予期間の満了日の価額でその有価証券等を譲渡等したものとみなして、国外転出（贈与・相続）時課税の申告をした年分の所得税を再計算することができます（所法60の3⑪）。

この場合、贈与者又は適用被相続人の相続人等は、納税猶予期間の満了日から4か月以内に、国外転出時課税の適用を受けた年分の所得税について更正の請求をし、所得税を減額することになります（所法153の3③）。

(5) 減額措置の適用における留意点

上記（3）実際の譲渡時の価額の下落による減額、（4）納税猶予期間満了日の下落による減額は、納税猶予の特例の適用を受けていない場合は適用がありません。また、納税猶予期間中にこれらの減額措置を受けるタイミングで納税猶予の全部又は一部が打切りになり、納税猶予分の所得税と利子税を納付することとなりますので、減額措置によるメリットと利子税の負担によるデメリットを考慮する必要があります（**Q6**-7の即時納税と納税猶予の比較も参照）。

外国税額控除の適用は、贈与、相続・遺贈のケースは国外転出時課税の適用対象者と外国所得税を納付することとなる者が異なる為、適用できません。

相続財産の分割

Q6-5 国外転出時課税の対象となりうる相続財産の分割方法について留意点はありますか

ポイント

■　非居住者である相続人等が取得した有価証券等について国外転出（相続）時課税制度が適用されるので、相続人等に居住者と非居住者がいる場合には、居住者である相続人等に有価証券等を相続させて国外転出（相続）時課税制度の適用をさせない分割方法を検討すべきである

■　相続後の準確定申告期限（相続を知った日から4か月以内）までに遺産分割が確定していないため民法の規定による相続分の割合に従い国外転出（相続）時課税の申告をした場合、その後の遺産分割の確定により、国外転出（相続）時課税制度による申告内容が異なるときには修正申告等が必要になる。特に国外転出（相続）時課税制度の対象となる資産についての分割は、事後の手続きを煩雑にしないようにする対応を検討すべきである

【回答】

1　国外転出（相続）時課税の適用

相続の国外転出時課税は、被相続人が相続時に有価証券等を1億円以上保有している場合に対象となり、その相続財産である有価証券等の一部又は全部を非居住者が相続するときに、その非居住者が相続すること

になる有価証券等の含み益について課税されます。当該課税の適用がある場合には、相続人等は相続開始の日の翌日から4か月を経過した日の前日までに、準確定申告及び納税を行わなければなりません（所法60の3①～③、125①、129）。そのため、相続人等に居住者と非居住者がいる場合には、有価証券等は非居住者である相続人等ではなく、居住者である相続人等に相続させることにより、国外転出（相続）時課税が生じないようにすることが考えられます。

2 未分割の場合の留意点

(1) 準確定申告時の国外転出（相続）時課税

相続後の被相続人の準確定申告期限までに遺産分割が確定しない場合には、民法の規定による法定相続分により相続財産を取得したものとして、非居住者である相続人等のその法定相続分に応じて取得した有価証券等が国外転出（相続）時課税の対象になると考えられます。

(2) 遺産分割確定後の国外転出（相続）時課税

① 遺産分割確定前には準確定申告を提出すべき要件に該当せず、遺産分割確定後に新たに国外転出（相続）時課税の適用により準確定申告書を期限後申告で提出する必要が生じた場合の相続人等の手続について

相続等に係る準確定申告書の提出期限後に、遺産分割等の事由が生じたことにより国外転出（相続）時課税の適用による準確定申告書を提出すべき要件に該当することとなった被相続人の相続人等は、その遺産分割等の事由が生じた日から4か月以内に期限後申告書を提出し、かつ、その期限内に納付すべき税額を納付する必要があります（所法151の5）。当該期限後申告書がその期限内に提出された場合には、無申告加算税や延滞税は課されません。また、納付

することとなった所得税額についても担保の提供など一定の手続きを行ったうえで、納税猶予を受けることができます（所法137の3②)。この時の利子税の計算の起算日は、当該期限後申告書の納付の期限の翌日となります。

なお､この国外転出（相続）時課税に係る期限後申告書の特例は、遺産分割等の事由が生じたことにより、相続等で非居住者に譲渡益等が生じる対象資産が移転することとなり準確定申告書の提出要件に該当することになった場合などが該当し、遺産分割等の事由が生じる前から準確定申告書を提出する必要があった場合などには上記の規定の適用はないため留意する必要があります。

②　遺産分割確定前に法定相続分に応じて非居住者が取得した有価証券等について国外転出（相続）時課税の適用を受け準確定申告書を提出していたが、遺産分割後にその内容が異なることになり、国外転出時課税の対象の所得税額が増減することになった場合の相続人等の手続について

国外転出（相続）時課税制度の適用を受けた居住者（被相続人）について生じた遺産分割等の事由により、非居住者に移転した相続等に係る有価証券等が増減し、そのためその被相続人の準確定申告の所得税額に不足額がある場合には、その遺産分割等の事由が生じた日から4か月以内に、修正申告書を提出し、かつ、その期限内にその修正申告書の提出により納付すべき税額を納付しなければなりません（所法151の6)。当該修正申告書がその期限内に提出された場合には、過少申告加算税や延滞税は課されません。また、増加した所得税額についても担保の提供など一定の手続きを行ったうえで、納税猶予を受けることもできます（所法137の3②)。

遺産分割等の事由により、非居住者に移転した相続等に係る有価

証券等が増減し、その被相続人の準確定申告の所得税額が過大となる場合には、相続人等はその遺産分割等の事由が生じた日から4か月以内に更正の請求をして、すでに納付した所得税額について還付を受けることができます（所法153の5）。

国外転出時課税適用後の譲渡

Q6-6 日本の国外転出時課税が適用された後の有価証券等の譲渡等について気を付けることはあるでしょうか

ポイント

■　国外転出時課税が適用された有価証券等を譲渡等する場合の取得価額は、日本の税制上は、原則、国外転出等の時の価額にステップアップする

■　国外転出等の後、外国の居住者であるときに譲渡した場合、原則、当該外国の譲渡所得税が課されるため、当該外国の税制の取得価額の考え方を確認する必要がある

■　国外転出の場合の納税猶予期間中は、外国において当該有価証券等の取得価額がステップアップされない場合でも、日本で二重課税の調整ができる

■　国外転出時課税の贈与又は相続の場合は、外国の税制によっては二重課税となる可能性がある

【回答】

1　居住者の国外転出による国外転出時課税が課された有価証券等の譲渡等

(1)　日本における取得価額の取扱い

国外転出時課税の適用により、国外転出の日の属する年分の所得税につき確定申告書を提出した後に、その適用に係る有価証券等を譲渡等し

た場合、その有価証券等の取得価額は、原則、国外転出の時の価額になります（所法60の2④）。ただし、国外転出の日から5年以内等の帰国による国外転出時課税の取消しや、納税猶予期間満了日の価額の減額等の、減額措置等を受けるために修正申告や更正の請求を行っている場合には、実際に取得した時や減額した時の価額になります（減額措置等については**Q6**-4参照）。

国外転出時課税に係る確定申告書の提出がされていない場合において、国外転出の時に所有等していた有価証券等を譲渡等したときには、当該取得価額は、その有価証券等を実際に取得した時の価額となります。

(2) 外国における取得価額の取扱い

有価証券等の譲渡等については、原則、その居住地国において課税対象となります。そのため、国外転出した後の外国居住者である期間中に譲渡等する場合は、当該外国の税制により取得価額を算定し、譲渡所得等の計算をすることになります。

例えば、米国では日本の国外転出時課税が適用された有価証券等を譲渡した場合でも、取得価額の調整が行われないため、原則、実際に取得した時の価額が取得価額とされます。譲渡等に係る税金はその譲渡時の居住地国である米国において課税され、日本で納税した国外転出時課税に係る税金も米国において外国税額控除の対象となりません。そのため、日本と米国で二重課税が生じる可能性があります。

【日本から米国に出国した場合】

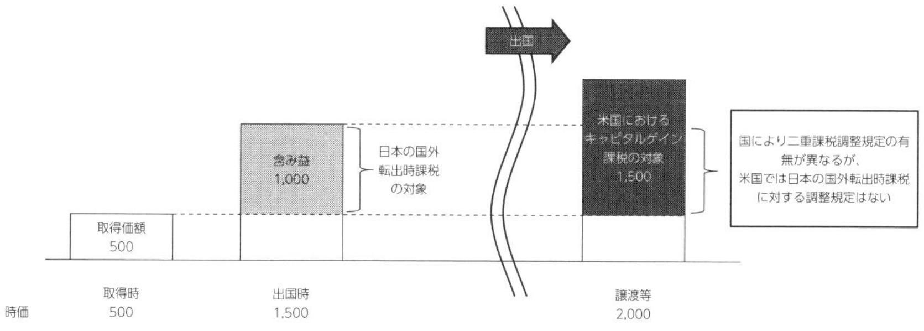

(3) 二重課税の調整

納税猶予を適用し国外転出時課税の申告をした者が、国外転出先の国で有価証券等を譲渡等した場合において、(2) に記載のように国外転出先の国が、日本の国外転出時課税の適用に伴う二重課税を調整しない国であるときは、日本で外国税額控除を適用し、国外転出時課税により課された所得税と外国で課された外国所得税の二重課税を調整することができます（所法95の2)。二重課税の調整は納税猶予期間中の譲渡等に限られるため、国外転出時に即時納税を選択していた場合や、納税猶予期間満了後の譲渡等の場合は対象となりません（外国税額控除の詳細は**Q6**-4参照)。

外国税額控除の適用は、有価証券等の譲渡価額等が国外転出の時の価額よりも下落している場合の減額措置の更正の請求を行った上で、更に行うことができます（譲渡時の価額の下落による減額については、**Q6**-4参照)。

【日本から米国に出国した場合（日本で外国税額控除を適用）】

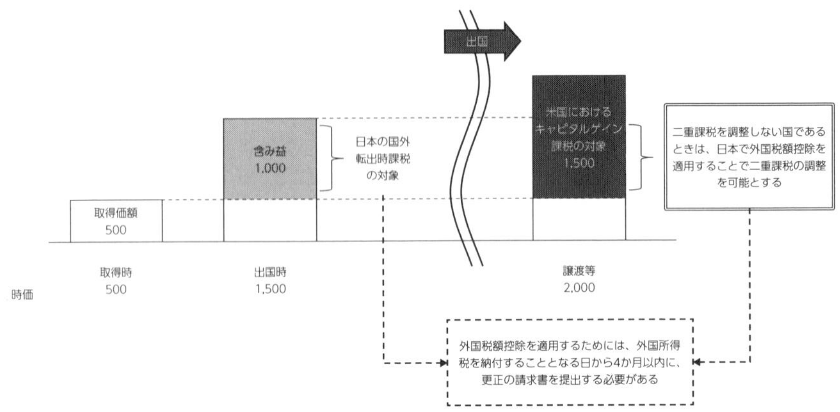

2 贈与又は相続等による国外転出時課税が課された有価証券等の譲渡等

(1) 日本における取得価額の取扱い

① 贈与の場合

国外転出（贈与）時課税の適用により、贈与者が贈与をした日の属する年分の所得税につき確定申告書を提出した後に、その適用に係る有価証券等を取得した受贈者がその有価証券等を譲渡等した場合、その有価証券等の取得価額は、贈与の時における価額になります（所法60の3④）。ただし、贈与の日から5年以内等の非居住者である受贈者の帰国による国外転出（贈与）時課税の取消しや、納税猶予期間満了日の価額の減額等の、減額措置等を受けるために修正申告や更正の請求を行っている場合には、実際に取得した時や減額した時の価額になります（減額措置等については**Q6-4**参照）。

国外転出（贈与）時課税に係る確定申告書の提出がされていない場合等において、受贈者がその贈与を受けた有価証券等を譲渡等したときには、その有価証券等の取得価額は、贈与者がその有価証券等を実際に取得した価額となります。

②　相続の場合

国外転出（相続）時課税の適用により、相続開始の日の属する年分の所得税につき被相続人の準確定申告書を提出した後に、その適用に係る有価証券等を取得した相続人等がその有価証券等を譲渡等した場合、その有価証券等の取得価額は、相続開始の時における価額になります（所法60の3④）。ただし、相続開始の日から5年以内等の非居住者である相続人等全員の帰国による国外転出（相続）時課税の取消しや、納税猶予期間満了日の価額の減額等の、減額措置等を受けるために修正申告や更正の請求を行っている場合には、実際に取得した時や減額した時の価額になります（減額措置等については**Q6-4**参照）。

被相続人について、相続開始の日の属する年分の所得税につき準確定申告書の提出がされていない場合等において、非居住者である相続人等が相続又は遺贈により取得した有価証券等を譲渡等したときには、その有価証券等の取得価額は、被相続人がその相続有価証券等を実際に取得した価額となります。

(2)　外国における取得価額の取扱い

有価証券等の譲渡等については、原則、その居住地国において課税対象となります。そのため、受贈者又は相続人等が外国居住者期間中に譲渡等する場合は、当該外国の税制により取得価額を算定し、譲渡所得等の計算をする必要があります。

例えば、米国では、贈与により取得した有価証券等の取得価額は、贈与時の価額が贈与者の取得価額より高い場合は贈与者の取得価額に一定の調整をした金額となり、贈与時の価額が贈与者の取得価額より低い場合は贈与時の価額に一定の調整した金額が取得価額となります。また、相続により取得した有価証券等の取得価額は、相続時の価額が取得価額となります。したがって、米国の場合は国外転出（相続）時課税の適用を受けた有価証券等を譲渡等する場合は、原則、二重課税が生じず、国外転出（贈与）時課税の適用を受けた有価証券等を譲渡等する場合は二重課税が生じる可能性があります。

このように、贈与又は相続により取得した資産の取得価額の考え方は国によって異なります。国外転出（贈与・相続）時課税が適用された有価証券等の譲渡等については、外国の税制において取得価額の調整がされない場合でも、上記1（3）のような二重課税調整規定はありません。

即時納税と納税猶予

Q6-7 国外転出時課税制度の適用を受ける際に、即時納税と納税猶予のいずれを選択するのが有利かを教えてください

ポイント

非居住者である国外転出者、受贈者、相続人等（以下、「国外転出者等」という。）の今後の予定（有価証券等の譲渡等、帰国などの予定）や国外転出先（居住地国）側での有価証券等の譲渡等の取扱いの状況などにより有利・不利は異なるため、以下の要素を総合的に勘案する必要がある。

■　国外転出者等が有価証券等を保有継続する前提で、今後5年を超えて10年以内に帰国する予定があるか否か

■　国外転出者等が今後10年以内に有価証券等を譲渡等する予定があるか否か、また譲渡等した際に国外転出者等の居住地国での日本の国外転出時課税制度の適用を受けた有価証券等の取得価額をどのように認識することになっているか

■　即時納税の場合の納税資金の準備と納税猶予の場合の担保提供の準備の可否

■　納税猶予の場合の毎年必要となる手続きの確認

■　国外転出時課税制度の納税猶予を受けているときの国外転出者等の贈与税・相続税の納税義務の判定

【回答】

1 国外転出者等が5年を超えて10年以内に帰国する場合

国外転出時課税制度の有価証券等について国外転出者等がその国外転出、贈与、相続等の日から5年以内に日本に帰国した（贈与、相続の場合には受贈者等である非居住者全員が帰国した）場合には、即時納税(注1)と納税猶予いずれを選択していても、更正の請求を行い、国外転出時課税を取り消すことができます。一方、納税猶予を選択し、かつ納税猶予期間を5年から10年に延長している場合には、5年を超えて10年以内に帰国するときにも国外転出時課税を帰国時に取り消すことができます(所法60の2⑦)。そのため、国外転出者等が有価証券等を継続保有する前提で、かつ5年は超えるが10年以内に日本に帰国する予定（贈与、相続の場合には受贈者等である非居住者全員が帰国する予定）であれば、課税の取消が可能となる納税猶予を選択するのが有利になる可能性があります。

(注1) 納税猶予を選択せず、国外転出時課税制度の確定申告期限等までに納税を行うこと

2 国外転出者等が5年又は10年以内に有価証券等を譲渡する予定がある場合

納税猶予期間（5年、又は延長した場合には10年）中に納税猶予の対象となっている有価証券等を譲渡した場合で、国外転出時等よりも譲渡時の株価が下落しているとき、その下落している株価により国外転出等の時に譲渡したものとして国外転出時課税制度の譲渡所得を再計算することができます（所法60の2⑧)。また、居住地国でもその対象資産の譲渡益について一般的には課税が生じることになりますが、居住地国側で日本の国外転出時課税制度による課税が考慮されない（譲渡した対象

資産の取得価額が国外転出時の価額に増額修正（ステップアップ）されない）場合、納税猶予期間中に限り、外国税額控除を適用し二重課税の調整を行うことができます（詳細は**Q6**-4、6参照）。

ただし、納税猶予の場合には、遅れての納付となりますので、外国税額控除された後の最終的な日本での所得税の負担額について、その国外転出時から納付までの期間に対応する利子税も納付することになります。

【事例1：国外転出時等よりも実際に譲渡した時の株価が下落している場合】

時点	取得価額	株価	含み益（譲渡益）
国外転出時等	500円	1,000円	500円
実際の譲渡時	500円	800円	300円

①　納税猶予を選択していない場合

上記500円の含み益に対して課税される

②　納税猶予を選択している場合

売却時の価額800円から取得価額500円を控除した譲渡益300円を国外転出時課税の対象として再計算することができる（時価が国外転出時等よりも上昇している場合には、国外転出時等の価額のままで計算）

したがって、②の納税猶予を選択した方が有利と考えられます（利子税の負担考慮を除く。）。

【事例2：米国へ出国時に国外転出時課税制度の適用を受け、その後、譲渡した場合】

内容	取得価額	株価	課税対象
国外転出時等の日本側の取扱い	500円	1,000円	500円
実際の譲渡時の米国側の取扱い	500円	1,200円	700円

・500円（国外転出時の価額1,000円－取得価額500円）は日本でも米国でも課税の対象となり二重課税が生じている

① 納税猶予を選択していない場合

日本側で500円の含み益に対する課税がされ、米国側で700円の譲渡益に対して課税がされる

② 納税猶予を選択している場合

二重課税となっている500円の含み益に対応する米国税金を、日本側で外国税額控除の対象とすることができる。最終的に日米合計で譲渡益700円に対する課税が行われることになる

したがって、②の納税猶予を選択した方が有利と考えられます(利子税の負担考慮を除く。)。

【事例3：米国に居住している子が、日本居住の親から有価証券を相続して、相続時の国外転出時課税制度の適用を受けた場合】

内容	取得価額	株価	課税対象
国外転出時等の日本側の取扱い	500円	1,000円	500円
実際の譲渡時の米国側の取扱い	1,000円	1,200円	200円

・米国では相続により取得した有価証券の取得価額は相続時の価額にステップアップするため、200円（譲渡時の価額1,200円－相続時の価額1,000円）に対して課税される

・本事例では所得税の二重課税は生じないと考えられる。

したがって、即時納税と納税猶予の差は生じないものと考えられます(利子税の負担考慮を除く。)。

3 即時納税の資金確保と納税猶予のための担保提供

国外転出時課税制度では、実際に譲渡していない有価証券等の含み益に対する課税が生じるため、有価証券等が現金化されておらず納税資金が準備できないことが考えられます。その場合には、納税猶予を適用して実際に譲渡等するときまで課税の繰り延べを行うことが考えられます。ただし、有価証券等について譲渡等する予定がなく、出国者等が5

年又は10年以内に帰国する予定がない場合には、納税猶予の期間満了日（5年又は延長している場合には10年経過日）が到来したときに、猶予していた所得税とその期間に対応する利子税を納付する必要がありますので、即時納税よりも利子税分負担が増えることについて考慮する必要があります。

また、納税猶予を適用するためには、国外転出時課税による所得税額相当とその猶予期間に対応する利子税相当を担保提供する必要があります。一般的には対象となる有価証券等を担保とすることが考えられますが、担保提供する有価証券等は譲渡することができなくなることについても留意が必要です。

4 納税猶予期間中の毎年の手続き

納税猶予期間中は毎年12月31日に保有している有価証券等の明細を付した「継続適用届出書」を確定申告期限までに提出する必要があります。また、納税猶予期間中に一部譲渡した場合には、「一部確定事由が生じた場合の適用資産等の明細書」等をその譲渡日から4月以内に提出して譲渡した有価証券等の譲渡所得に対応する所得税額と利子税を納付する必要があります（**Q6**-3参照）。そのため、出国、贈与及び相続等の後も納税猶予の期間が満了するまでは有価証券等について管理を行う必要があり、税務署への上記届け出等について手続の事務コスト等が生じます。また、贈与の場合には、納税者（贈与者）と有価証券等の保有者（受贈者）は異なりますので、受贈者は保有している有価証券等について譲渡等の異動が生じた場合には、贈与者にその旨を2か月以内に連絡する義務があり、贈与者は受贈者が保有することになった有価証券等を継続して確認することになります。

5 相続税・贈与税の納税義務判定への影響

贈与税と相続税の納税義務者の課税財産の範囲の判定において、贈与者や被相続人が日本国籍を持つ非居住者の場合に、過去10年以内に国内に住所があるか否かにより、贈与税と相続税の課税対象資産が異なるケースがあります（**Q5**-3参照）。この判定において、贈与者や被相続人が国外転出時課税制度の納税猶予を受けている場合には、贈与者や被相続人が実際にはその贈与等の前10年以内に国内に住所がないとしても、原則、10年以内に国内に住所を有していたものとみなされます。

米国出国税適用後の譲渡

Q6-8 米国グリーンカードを放棄した際に、日本株式に対しても米国の出国税が課税されました。その後、当該株式を譲渡する場合の課税関係を教えてください

ポイント

■　日本の国外転出時課税制度のような規定（以下、「出国税」という。）が外国にもあり、国によって要件等が異なるため各国の制度の確認が必要となる

■　米国の場合は日本居住者でも米国籍又は米国グリーンカードを有していた場合は、米国出国税の対象となる可能性がある

■　外国の出国税が課された有価証券等を譲渡等した場合の日本の課税関係を確認する必要がある

【回答】

1　外国の出国税制度

日本だけでなく、米国、カナダ、フランス、オーストラリア等複数の国に出国税の制度があります。国によって対象者や対象資産、基礎控除等が異なるため、外国から日本に帰国する場合等はその国の出国税についても確認しておく必要があります。外国の出国税は多くの国でその国を出国等する時に課税が生じますが、米国の場合は出国時ではなく米国籍又はグリーンカード（永住権）を放棄する際に課税が生じます。例え

ば、グリーンカードを保有して米国居住であった者が日本に帰国し日本の居住者となった後1年後にグリーンカード放棄した場合、その日本の居住者となった1年後において米国出国税の課税対象となる可能性があります。

2 米国の出国税制度

米国籍又はグリーンカードを有する長期居住者(※)が、その米国籍又はグリーンカードを放棄（以下、「放棄等」という。）する場合に、その者が次の①～③のいずれかに該当するときには、その者が保有している資産は米国出国税の対象となり、原則として放棄等の日の前日の時価で資産が売却されたものとみなして、その資産の含み益（キャピタルゲイン）に対して課税されます。日本と異なり、有価証券等だけでなく不動産等を含む全ての資産が対象となります（米国内国歳入法877、877A)。

① 放棄等の前5年間の所得税の平均年額が一定水準（2024年度201,000USドル）を超えていること

② 放棄等の時のその者の純資産額が200万USドル以上であること

③ 放棄等の前5年間について、所得税の申告内容に誤りが無い旨の宣誓証明をしていないこと

(※) 「長期居住者」とは、グリーンカードの保有者でその放棄前15年のうち8年以上グリーンカードを保有していた者をいいます。

3 外国出国税の適用を受けた有価証券等の譲渡等における課税関係

日本居住者が一定の外国の出国税の規定の適用を受けた有価証券等の譲渡等をした場合、その譲渡所得等の金額の計算については、その外国

の出国税の計算において収入金額に算入することとされた金額をもって、当該有価証券等の取得に要した金額とされます（所法60の4①②）。これにより取得価額が収入金額までステップアップされることになりますので、同一資産に対して外国と日本で二重課税が生じないようになります。なお、外国の出国税の計算において譲渡損失（キャピタルロス）が生じている場合にも、その収入金額とされた金額を取得に要した金額とするため､取得価額が減額（ステップダウン）される場合もあります。

したがって、グリーンカード放棄により保有している日本株式について米国出国税が課された後、日本の居住者である期間に当該株式を譲渡する場合は、日本側で二重課税回避のため当該株式の取得価額の調整が行われ譲渡所得等を計算することになります。

第7章

海外居住親族からの株式承継

非居住者から株式を承継する際の留意点

Q7-1 海外居住親族から日本居住者が国内法人株式を承継する場合、どのような承継方法が考えられますか。その際の留意点についても併せて教えてください

ポイント

- 承継方法として、株式を買取る、贈与により取得する、相続により取得する、の3つの方法がある
- それぞれの方法によって、日本では所得税、贈与税、相続税が課税される可能性がある
- また、海外居住親族が住んでいる国でも課税される可能性があり、現地の税法・租税条約を確認する必要がある

【回答】

1 承継方法と日本国内での納税義務

海外居住親族から日本居住者が国内法人株式を承継する手法は、一般的に（1）株式を買い取る（譲渡）、（2）贈与により取得する、（3）相続により取得する方法が考えられます。

上記3つの手法をとった場合の日本での課税関係はそれぞれ下記の通りとなります（相続税及び贈与税の納税義務者と課税範囲についての詳細は**Q5-3**参照）。

(1) 株式を買い取る場合

日本では、株式譲渡に対する課税は居住地国課税方式が採用されており、株式譲渡によって売却益が生じた場合には、居住地国で課税されることになります。

非居住者が株式譲渡をした場合には、原則として日本で課税は生じませんが、その株式の譲渡が、①買集めによる株式等の譲渡、②事業譲渡類似の株式等の譲渡、③税制適格ストックオプションの権利行使により取得した特定株式等の譲渡、④不動産関連法人の一定の株式の譲渡、⑤日本に滞在する間に行う内国法人の株式等の譲渡、⑥日本国内にあるゴルフ場の株式形態のゴルフ会員権の譲渡の6つの譲渡に該当した場合には、国内源泉所得に該当して、日本の所得税が課税されます（所法7）（詳細は**Q7-3**参照）。

ただし、日本国内に恒久的施設を有する非居住者については、証券等が国内にあるものの譲渡が課税対象になるため、国内法人株式を譲渡した場合には日本国内で課税されます（所法164）。

【株式の譲渡に係る所得税の納税義務者区分と課税所得の範囲】

区分	定義	課税所得の範囲
居住者	次のいずれかに該当する個人 ・日本国内に住所を有する者 ・日本国内に現在まで引き続き1年以上居所を有する者	国内及び国外において生じた全ての所得
非居住者	居住者以外の個人	国内源泉所得

(2) 贈与により取得する

日本居住者が海外居住親族から贈与により国内法人株式を取得した場合には、日本では贈与を受けた日本居住者に贈与税が課税されます。

【贈与税の納税義務者区分と課税財産の範囲】

受贈者／贈与者	国内に住所あり		国内に住所なし		
		一時居住者(注1)	日本国籍あり		日本国籍なし
			10年以内に国内に住所あり	10年以内に国内に住所なし	
10年以内に国内に住所あり	国内財産、国外財産ともに課税	国内財産、国外財産ともに課税	国内財産、国外財産ともに課税	国内財産、国外財産ともに課税	国内財産、国外財産ともに課税
10年以内に国内に住所あり　日本国籍なし	国内財産、国外財産ともに課税	国内財産のみに課税	国内財産、国外財産ともに課税	国内財産のみに課税	国内財産のみに課税
10年以内に国内に住所なし	国内財産、国外財産ともに課税	国内財産のみに課税	国内財産、国外財産ともに課税	国内財産のみに課税	国内財産のみに課税

(注1)　贈与時に一定の在留資格を有する者で、贈与前15年以内の国内居住期間の合計が10年以下であるもの

(3) 相続により取得する

日本居住者が海外居住親族から相続により国内法人株式を取得した場合には、日本では相続をした日本居住者に対して相続税が課税されます。

【相続税の納税義務者区分と課税財産の範囲】

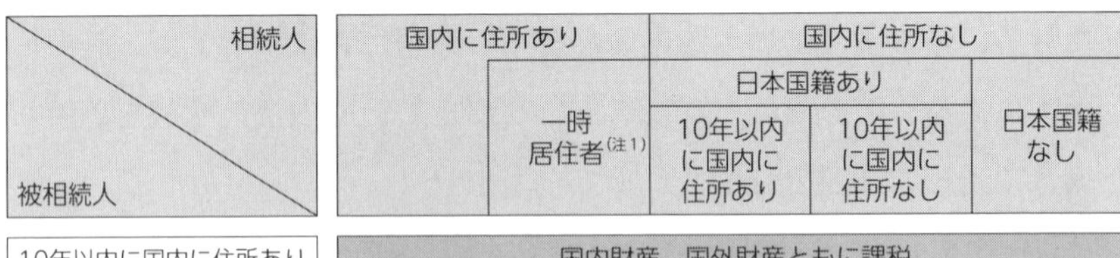

相続人／被相続人	国内に住所あり		国内に住所なし		
		一時居住者(注1)	日本国籍あり		日本国籍なし
			10年以内に国内に住所あり	10年以内に国内に住所なし	
10年以内に国内に住所あり	国内財産、国外財産ともに課税	国内財産、国外財産ともに課税	国内財産、国外財産ともに課税	国内財産、国外財産ともに課税	国内財産、国外財産ともに課税
10年以内に国内に住所あり　日本国籍なし	国内財産、国外財産ともに課税	国内財産のみに課税	国内財産、国外財産ともに課税	国内財産のみに課税	国内財産のみに課税
10年以内に国内に住所なし	国内財産、国外財産ともに課税	国内財産のみに課税	国内財産、国外財産ともに課税	国内財産のみに課税	国内財産のみに課税

(注1)　相続時に一定の在留資格を有する者で、相続前15年以内の国内居住期間の合計が10年以下であるもの

2 海外居住親族の住んでいる国での課税と租税条約

日本での納税義務は上記1の通りですが、日本と違い株式の譲渡益については非課税とされる国もあります。また、日本のように受贈者・相続人に課税される国もあれば、贈与者・被相続人に課税される国もあります。

そのため、海外居住親族から国内法人株式を承継する際には、日本で

の課税だけでなく、その親族が住んでいる国で海外居住親族・日本居住者それぞれがどのような課税がされるのかを確認する必要があります。

また、日本の税法・現地国の税法だけでなく、租税条約も確認する必要があります。

株式を譲渡した場合に、日本の税法でも現地国の税法でも課税されるルールであるとしても、租税条約によって、どちらか一方の国でのみ課税されると規定されていれば、その規定に従って一方の国でしか課税されません。

例えば、米国居住者の株式譲渡については、日米租税条約第13条第7項で日米租税条約において個別に規定されていない財産の譲渡から生ずる収益に対しては、譲渡者が居住者とされる国においてのみ租税を課することができると規定されています。

そのため、米国居住者が国内法人株式を譲渡したときに、その株式の譲渡が日本の税法上では国内源泉所得に該当し日本で所得税の課税対象となり、米国の税法上でも米国居住者として米国で所得税の課税対象になる場合でも、租税条約で規定されている個別の規定に該当しない限りは、日本では課税されず、米国でのみ課税されることになります。

このように、海外居住親族から日本居住者が国内法人株式を承継するためには、日本の税法、親族が住んでいる国の税法、租税条約をそれぞれ確認して、どのような課税関係となるかを確認する必要があります。

非居住者から相続・贈与した場合の留意点

Q7-2 海外居住親族から国内法人株式を相続又は贈与により承継した場合の課税関係を教えてください

ポイント

- 日本で相続税・贈与税が課税される
- 居住地国でも相続税・贈与税が課税される可能性がある
- 居住地国でみなし譲渡が課税される可能性もある

【回答】

1 日本での課税

日本居住者が海外居住親族から国内法人株式を贈与により取得した場合には、日本で贈与税が課税されます。60歳以上の贈与者から18歳以上のその贈与者の直系卑属への贈与であった場合には、相続時精算課税制度を選択して、贈与税を計算することもできます。

日本居住者が海外居住親族から国内法人株式を相続により取得した場合には、日本で相続税が課税されます。相続税は、海外居住親族が10年以上日本に住所がない場合には、国内財産とその親族から国内居住者が受け取った国外財産に相続税が課税されます。

［日本の相続税計算例］

被相続人：海外居住者（10年以上日本に住所がない）

相続人：子供2人（日本居住者の子A、海外居住者（10年以上日本に住所がない）の子B）

相続財産：国内法人株式3億円、国内預金2億円、外国不動産3億円、外国預金2億円

遺産分割：子Aが国内法人株式、子Bが外国不動産、国内預金・外国預金は子Aと子Bでそれぞれ1/2ずつ相続する。

このケースの場合には、子Aが相続する日本及び外国の財産全てと子Bが相続する国内財産が、日本の相続税の対象となります。

財産	被相続人の財産	実際の取得財産		日本の相続税計算	
		子A	子B	子A	子B
国内法人株式	3億円	3億円		3億円	
国内預金	2億円	1億円	1億円	1億円	1億円
外国不動産	3億円		3億円		
外国預金	2億円	1億円	1億円	1億円	
合計	10億円	5億円	5億円	5億円	1億円

相続税の総額の計算：

(6億円（課税価格）−4,200万円（基礎控除））×1/2（法定相続分）＝27,900万円

(27,900万円×45％（税率）−2,700万円)×2＝19,710万円

子Aの相続税：19,710万円×5億円/6億円＝16,425万円

子Bの相続税：19,710万円×1億円/6億円＝3,285万円

海外居住親族から日本居住者が国内法人株式を相続・贈与した場合でも、非上場株式の納税猶予の特例の適用を受けることができます（第3章参照）。

2 親族居住地国での課税と外国税額控除

日本のように相続人・受贈者に対して課税される国もあれば、米国、台湾のように被相続人・贈与者に課税される国、シンガポール・ニュー

ジーランドのように相続税・贈与税が課税されない国、英国のように相続税は課税されますが､贈与税は課税されない国もあります。そのため、日本居住者が相続又は贈与により株式を取得し、日本で相続税・贈与税を納めたとしても、海外居住親族の居住国でも課税される可能性があります。

例えば、ドイツでは、被相続人がドイツ居住者であった場合には、その被相続人の全世界にある財産全てが、ドイツの相続税の課税対象となります。そのため、被相続人がドイツ居住者で相続人が日本居住者である場合には、日本でもドイツでも相続税が二重に課税されることになります。

ただし、実際には、このような二重課税が生じる場合には、外国税額控除の規定を適用することにより二重課税が排除できる可能性があります。日本の相続税計算上はドイツの財産に課せられたドイツの相続税に相当する金額を、ドイツの相続税計算上は日本の財産に課せられた日本の相続税に相当する金額を、それぞれ控除して計算することにより、二重課税の調整が行われます。

3 みなし譲渡課税

相続税・贈与税が課税される国以外にも、カナダなど、相続税・贈与税が課税されない代わりに、相続で移転した資産について時価で譲渡したものとみなして、キャピタルゲイン課税される国があります。また、英国など相続の場合には相続税が課税されますが、贈与の場合には贈与税に代わりキャピタルゲイン課税が生じる国もあります。

例えば、カナダでは、被相続人がカナダの税法上の居住者である場合には、全世界にある資産を対象として、相続時に時価で譲渡したものとしてキャピタルゲイン税が課税されます。ただし、譲渡益全額に課税されるのではなく、譲渡益のうち50％が課税対象となります。このキャピタルゲイン課税をカナダで申告する場合には、相続のあった年の翌年4月30日（相続が11月1日～ 12月31日に発生した場合には相続日から6か月）が申告期限となります。

日本居住者が相続・贈与で受け取った場合に相続税・贈与税が課税され、外国で相続税・贈与税が課税されていた場合には、外国税額控除ができることは前述の通りですが、日本の相続税法における外国税額控除の対象が「相続税・贈与税に相当する税」とされており、相続又は遺贈・贈与により財産を取得したことにより課税される税と限定されています。そのため、このカナダで譲渡したものとみなして課税されたキャピタルゲイン課税は日本の相続税・贈与税から外国税額控除により控除することはできないと考えられていますので、注意が必要です。

非居住者が譲渡した場合の留意点

Q7-3 海外居住親族が国内法人株式を譲渡した場合の課税関係を教えてください

ポイント

- 居住している国で課税される可能性がある
- 日本でも所得税が課税されることがある
- 租税条約により両国ともに課税されない可能性もある

【回答】

1 居住地国での課税

海外居住親族が株式を譲渡した場合には、シンガポール・香港などのキャピタルゲインが非課税となっている一部の国以外に居住している場合には、譲渡した海外居住親族に対して、当該居住地国で譲渡益課税があります。

例えば、米国居住者である場合には、株式譲渡益は1年超保有の場合と1年以下保有の場合に分けられ、1年超保有のものは分離課税（0%、15%、20%の段階税率）、1年以下保有のものは他の所得と合算して総合課税（10%～37%の累進税率）により所得税が計算されます。また、米国の所得税の申告・納税期限は4月15日（Form4868により延長して10月15日とすることも可能）になります。

2 日本での課税

海外居住親族が国内法人株式を譲渡したときは、下記の6つの譲渡に該当した場合には、国内課税所得に該当することとなり、日本で所得税税率15%の分離課税がされます（所令281①四～八、措法37の12）。

①　買集めによる株式等の譲渡

②　事業譲渡類似の株式等の譲渡

③　税制適格ストックオプションの権利行使により取得した特定株式等の譲渡

④　不動産関連法人の一定の株式の譲渡

⑤　日本に滞在する間に行う内国法人の株式等の譲渡

⑥　日本国内にあるゴルフ場の株式形態のゴルフ会員権の譲渡

このうち、非上場会社である国内法人株式を譲渡した場合に関連しやすい②、④について詳しく解説します。

・事業譲渡類似株式等の譲渡

内国法人の特殊関係株主等（その内国法人の一の株主、その一の株主と同族関係にある者など）である非居住者がその内国法人の株式等を譲渡する場合には、次の2つの要件に該当すれば日本の所得税が課税されます。

①　所有株数要件（25%以上所有）

　譲渡年以前3年以内のいずれかの時において、内国法人の特殊関係株主等がその内国法人の発行済株式総数の25%以上の株式を有していたこと

②　譲渡株数要件（5%以上譲渡）

　譲渡年において、その譲渡行った非居住者を含む内国法人の特殊関係株主等がその内国法人の発行済株式総数の5%以上に相当する

株式等の譲渡をしたこと

なお、株式の譲渡に限らず、分割型分割や減資により金銭その他の資産の交付を受け、それが5%以上の譲渡株数要件に相当する株式の譲渡と認識されるときは、その分割型分割や減資も課税対象に追加されます。

・不動産関連法人の一定の株式の譲渡

不動産関連法人は、株式の譲渡の日前1年以内のいずれかの時において、①日本国内にある土地・借地権・建物・建物付属設備・構築物等、②総資産の50%以上を①の資産で占める法人の株式、③総資産の50%以上を①及び②の資産で占める法人の株式、が総資産のうち50%以上を占める割合にある法人のことをいいます。

そして、非居住者がその不動産関連法人の株式等を譲渡する場合には、次の2つの要件に該当すれば、日本の所得税が課税されます。

① 不動産関連法人の特殊関係株主等がその発行済株式等の総数の2%超（その不動産関連法人が上場している場合には5%）を保有していること

② その株式を譲渡した者が特殊関係株主であること

また、上記の6つの株式の譲渡に該当しなかったとしても、海外居住親族が日本国内に恒久的施設を有していると判定された場合には、国内法人株式の譲渡について日本で課税されることになります。

恒久的施設とは、次の3つのいずれかに該当するものをいいますが、形式的に判定するのではなく、機能面を重視して判定されることになります。

(1) 非居住者等の国内にある事業の管理を行う場所、支店、事務所、工場、作業場若しくは鉱山その他の天然資源を採取する場所又はその他事業を行う一定の場所

(2) 非居住者等の国内にある建設、据付けの工事又はこれらの指揮

監督の役務の提供で1年を超えて行う場所（在庫の保管等のみに使用する施設等は除く。）

(3) 非居住者等が国内に置く代理人等で、その事業に関し、反復して契約を締結する権限を有し、又は契約締結のために反復して主要な役割を果たす者等の一定の者

3 租税条約と外国税額控除

それぞれの国での課税方法は上記の通りですが、租税条約で異なる取扱いとなることがあります。

例えば、上述の事業譲渡類似株式等の譲渡については、譲渡者が米国居住者である場合には、日米租税条約では個別の規定がされていないため、譲渡者が居住者とされる締約国のみにおいて租税を課することができる（日米租税条約13⑦）として、米国居住者が日本で課税されることはありません。

また、譲渡者がシンガポール居住者である場合にも、日星租税条約では、事業譲渡類似株式等の譲渡について、所有株数要件が「譲渡年以前3年以内のいずれかの時において」ではなく、「当該課税年度中又は当該賦課年度に係る基準期間中のいかなる時点においても」25％以上であることが要件になっています（日星租税条約13④（b））ので、日本の税法における要件に該当したとしても租税条約上の要件に該当しなければ、日本では課税されません。

一方で、日本と中国の租税条約のように、事業譲渡類似株式等について定めがなく、「他方の締約国において生ずる財産の譲渡によって取得する収益については、当該他方の締約国において租税を課することができる」（日中租税条約13④）とだけ規定されている場合には、日本の税法に基づき日本で課税がされます。

ただし、この日中租税条約のように、他方の国で課税できる譲渡の種類を限定しておらず、日本が財産の譲渡について課税できると租税条約で規定されていたとしても、日本の所得税法上で非居住者が課税される譲渡の要件（前記**2**事業譲渡類似株式等の譲渡など）に該当しなければ、日本で課税されることはありません。

このように日本の国内法では課税されると判定されたとしても、租税条約で課税されないこともあるため、各国の税法だけでなく租税条約も確認する必要があります。

海外居住親族株主と金庫株

Q7-4 未上場の国内法人が海外居住親族から金庫株を行う場合の留意点について教えてください

ポイント

■　移住等により日本法人の親族株主が海外居住となった後に、当該株主に相続が発生した場面や、次世代への事業承継のための株主整理を行う場面において、海外居住親族からいわゆる金庫株を行うケースが想定される

■　日本では、一定の場合を除き、みなし配当に相当する金額が、海外居住親族の国内源泉所得として源泉分離課税される

■　相続又は遺贈により取得した国内法人株式を発行法人である日本法人に譲渡した場合には、いわゆる金庫株特例の適用が可能であると考えられる

■　海外では、海外居住親族の所得を、私法上の取扱いや背景を検討したうえで、現地の税制に落とし込んで課税関係を整理する必要がある

【回答】

1　国内居住親族株主からの金庫株

個人が未上場株式の譲渡を行った場合、基本的には譲渡所得としてその含み益に課税がされますが、法人が株主から自己株式を取得する、いわゆる金庫株の場合には、当該株主が交付を受ける金銭等の額と当該株

式に対応する資本金等の額との差額が、実質的に利益の配当等であるものとみなされ、配当所得として課税されることとなり、これをみなし配当といいます（所法25①五、租法37の10①）。

したがって、国内居住親族株主から金庫株を行った場合には、交付金銭等の額と当該株式に対応する資本金等の額との差額が配当所得として、当該株式に対応する資本金等の額と取得価額との差額が譲渡所得として、それぞれ当該株主に対して課税されます。この場合、配当所得は20.42％の源泉徴収のうえ、総合課税として累進税率により課税されることとなり、配当控除を除いた所得税及び住民税の最高税率が55.945％に達するため、実務で金庫株を行う際の大きな障壁となっています（所法22①②、24①、92①、181①、182①二）。

他方、当該株式が相続又は遺贈により取得した国内法人株式で、一定の要件を満たす場合には、含み益の全てが譲渡所得として20.315%の税率での申告分離課税となる、いわゆる金庫株特例の適用により、みなし配当は認識されません。さらに、一定の要件を満たす場合には、相続税額の取得費加算の規定が適用されるため、実務上は、相続発生後の事例において金庫株を検討するケースが多いように感じます（措法9の7①、39①）。

また、金庫株を行う際に注意すべき点として、税務上の時価による取引を行う必要があります。仮に時価よりも低い価額、又は高い価額により金庫株を行った場合には、みなし譲渡や株主間でのみなし贈与等の課税リスクが生じます（所法59①、相法9）。

加えて、会社法上の財源規制にも注意が必要です（会社法461）。

2 海外居住親族株主からの金庫株

(1) 日本における課税関係

当該株主はPEを有しない所得税法上の非居住者であることを前提と

します。

①　配当所得

みなし配当に相当する金額は、当該株主の国内源泉所得に該当し、20.42％の源泉徴収のうえ、源泉分離課税として課税関係が完結します（所法161①九イ、164②二、169①、212①）。

なお、配当控除の規定は、その対象が居住者に限定されているため、適用を受けることができません（所法92①）。

また、たとえ非居住者であっても、相続又は遺贈により取得した国内法人株式で、一定の要件を満たす場合には、金庫株特例の適用が可能であるものと考えられるため、後述する譲渡所得が国内源泉所得に該当しなければ、当該株主の日本での課税は生じないものと考えられます（措法9の7①）。

②　譲渡所得

株式の譲渡益に相当する金額は、いわゆる事業譲渡類似株式や不動産化体株式の譲渡等（**Q7-1** 参照）を除き、国内源泉所得に該当せず、当該株主の日本での課税は生じません（所法161①三、所令281①四五六八）。

なお、国内源泉所得に該当する場合には、申告分離課税として住民税を除いた15.315％の税率により課税されますが、この場合、当該株主は日本において所得税の確定申告を行わなければならないため、納税管理人の選任が必要となります（所法164①二、165①、措法37の12①、通法117①）。

また、たとえ非居住者であっても、相続又は遺贈により取得した国内法人株式で、一定の要件を満たす場合には、相続税額の取得費加算の規定が適用可能であるものと考えられます（措法39①）。

(2) 租税条約における取扱い

配当に係る所得は、一般的に居住地国課税とされ、源泉地国での課税に制限が設けられていることが多いため、居住地国との租税条約ごとに規定されている限度税率を確認する必要があります。仮に当該限度税率が20.42％を下回る場合には、日本法人が『租税条約に関する届出書』を提出することによって、当該限度税率により源泉徴収を行うことが可能となります（所法162①）。

他方、株式の譲渡に係る所得は、不動産化体株式の譲渡を除いて居住地国のみで課税が行われるOECDモデル租税条約を基本としながらも、締約国ごとにその取扱いを定めており、源泉地国の課税権を制限する租税条約が締結されている場合には、日本の国内源泉所得に該当したとしても、その課税が減免されることになります。当該減免の適用を受けるためには、当該株主が『租税条約に関する届出書』を提出する必要があります。

(3) 居住地国における課税関係

ここでは、居住地国の代表として米国とシンガポールを例に挙げて、各国の課税関係を簡単に紹介します。

① 基本的な考え方

発行法人の金庫株による自己株式の取得であっても、その取引自体は単なる資産の譲渡であり、保有資産の含み益が顕在化したことに対して課税が生じているにすぎません。この含み益全体を、日本の税制上は、みなし配当と株式の譲渡益とに区分して課税が行われています。

すなわち、居住地国における課税関係を考えるときは、日本の税制上の取扱いを踏襲しながらも、みなし配当と株式の譲渡益のそれぞれについて、居住地国における当該取引（発行法人の金庫株による自己株式の取得）に関する私法上の取扱いや背景を検討したうえで、現地の税制に落とし込んで整理する必要があります。

② 米国

イ　みなし配当

発行法人が金庫株により自己株式を取得した場合、米国の税制上の「株式の償還」に該当し、金庫株の前後で発行法人と当該株主との支配関係に影響がなく、その本質が配当と同等であると認められるときは、税務上の配当可能利益まで当該株主の配当所得として課税されます。

他方、当該株主の持分が完全に消滅する等、金庫株を行うことによりその支配関係に影響があり、その本質が配当と同等でないものとされるときは、株式の処分（交換取引）として扱われ、当該株主の資本損益として課税されることとなります。

ロ　株式の譲渡益

株式の処分（交換取引）として扱われ、当該株主の資本損益として課税されることとなります。

ハ　二重課税の排除

米国国外を源泉とする所得につき源泉地国の所得税に相当する租税を支払った場合として、一定の要件を満たすときは、当該株主は米国の税制上の二重課税排除規定である外国税額控除等の適用を受けることができます。

③ シンガポール

シンガポールの個人所得税の課税対象は、シンガポール国内を源泉とする所得のみとされており、日本法人から受け取る配当や株式の譲渡益は非課税となります。

したがって、原則として、当該株主のシンガポールでの課税は生じないものと考えられます。

海外居住親族株主とスクイーズアウト

Q7-5 海外居住親族から未上場の国内法人株式をスクイーズアウトにより買い取る場合の留意点について教えてください

ポイント

■ 海外居住親族が非友好的な少数株主である場面や、相続等によって経営と関わりのない海外居住親族に少数の株式が分散してしまった場面において、海外居住親族から国内法人株式をいわゆるスクイーズアウトにより買い取るケースが想定される

■ 日本では、一定の場合を除き、海外居住親族に対する課税は生じないものと考えられる

■ 海外では、海外居住親族の所得を、私法上の取扱いや背景を検討したうえで、現地の税制に落とし込んで課税関係を整理する必要がある

【回答】

1 国内居住親族株主のスクイーズアウト

一般的に、法人の支配株主が少数株主の有する株式の全部を強制的に買い取ることをスクイーズアウトといいます。

ここでは、実務上よく使われるスクイーズアウトの手法である、特別支配株主の株式等売渡請求と株式併合に焦点を当てます。

(1) 特別支配株主の株式等売渡請求

特別支配株主の株式等売渡請求とは、法人の議決権90%以上を有する特別支配株主が、その他の株主全員の有する株式等の全部を当該特別支配株主に売り渡すよう請求できる制度をいいます（会社法179）。

したがって、少数株主である国内居住親族株主は、その有する株式の全部を特別支配株主へ譲渡しなければならず、当該少数株主の譲渡所得として20.315％の税率により申告分離課税されます（措法37の10①）。

なお、特別支配株主が法人である場合には、株式交換等に該当するものとして組織再編税制の対象となるため、留意する必要があります（法法2十二の十六ハ）。

(2) 株式併合

文字通り、複数の株式を合わせてより少数の株式とすることを株式併合といいます（会社法180）。この株式併合を利用して、1株未満の端数を生じさせ、最大株主等又は発行法人が端数相当株式を買い取ることにより、スクイーズアウトが可能となります（会社法234、235）。また、発行法人が当該株式を買い取る場合であっても、みなし配当事由に該当しないため、含み益の全てが少数株主の譲渡所得として課税されることとなります（所法25①五、所令61①九、措法37の10①）。

したがって、株式併合により生じた少数株主である国内居住親族株主の有する端数相当株式は、最大株主等又は発行法人へ譲渡しなければならず、当該少数株主の譲渡所得として20.315％の税率により申告分離課税されます。

この場合、当該株式が相続又は遺贈により取得した国内法人株式で、一定の要件を満たすときは、相続税額の取得費加算の規定が適用されます（措法39①）。

また、スクイーズアウトを行う際の当該株式の価格については、会社法上の時価だけでなく、税務上の時価にも注意する必要があります。仮に時価よりも低い価額、又は高い価額により取引を行った場合には、みなし譲渡やみなし贈与等の課税リスクが生じます(所法59①、相法7、9)。

加えて、当該株式を発行法人へ譲渡する場合には、金庫株と同様に、会社法上の財源規制にも注意が必要です(会社法461)。

なお、最大株主等が法人であり、最大株主等以外の株主が全て排除される場合には、株式交換等に該当するものとして組織再編税制の対象となるため、留意する必要があります(法法2十二の十六ロ)。

2 海外居住親族株主のスクイーズアウト

(1) 日本における課税関係

当該少数株主はPEを有しない所得税法上の非居住者であることを前提とします。

株式の譲渡益に相当する金額は、いわゆる事業譲渡類似株式や不動産化体株式の譲渡等(**Q7-1**参照)を除き、国内源泉所得に該当せず、当該少数株主の日本での課税は生じません(所法161①三、所令281①四五六八)。

なお、国内源泉所得に該当する場合には、申告分離課税として住民税を除いた15.315%の税率により課税されますが、この場合、当該少数株主は日本において所得税の確定申告を行わなければならないため、納税管理人の選任が必要となります(所法164①二、165①、措法37の12①、通法117①)。

また、例え非居住者であっても、相続又は遺贈により取得した国内法人株式で、一定の要件を満たす場合には、相続税額の取得費加算の規定が適用可能であるものと考えられます(措法39①)。

(2) 租税条約における取扱い

株式の譲渡に係る所得は、不動産化体株式の譲渡を除いて居住地国のみで課税が行われるOECDモデル租税条約を基本としながらも、締約国ごとにその取扱いを定めており、源泉地国の課税権を制限する租税条約が締結されている場合には、日本の国内源泉所得に該当したとしても、その課税が減免されることになります。当該減免の適用を受けるためには、当該少数株主が『租税条約に関する届出書』を提出する必要があります。

(3) 居住地国における課税関係

ここでは、居住地国の代表として米国とシンガポールを例に挙げて、各国の課税関係を簡単に紹介します。

① 基本的な考え方

Q7-4同様、居住地国における課税関係を考えるときは、日本の税制上の取扱いを踏襲しながらも、株式の譲渡益について、居住地国における当該取引（スクイーズアウトによる株式の譲渡）に関する私法上の取扱いや背景を検討したうえで、現地の税制に落とし込んで整理する必要があります。

したがって、株式併合により生じた端数相当株式を最大株主等でなく発行法人へ譲渡した場合において、居住地国における税務上の取扱いが本当に日本と同一であるか、すなわち、みなし配当に相当する課税や居住地国特有の課税が生じないかどうかを検討しなければなりません。

② 米国

イ 株式の譲渡益

株式併合により生じた端数相当株式の発行法人への譲渡については、米国の税制上、個別での取扱いが規定されていないようです。

したがって、金庫株と同様の取扱いであるとすれば、米国の税制上の「株式の償還」に該当しますが、当該少数株主は当該株式の発行法人への譲渡によりその株主としての持分を完全に失うこととなるため、株式の処分（交換取引）として扱われ、当該少数株主の資本損益として課税されることになるものと考えられます。

また、特別支配株主の株式等売渡請求による特別支配株主への譲渡や、株式併合により生じた端数相当株式の最大株主等への譲渡についても、株式の処分（交換取引）として扱われ、当該少数株主の資本損益として課税されることとなります。

ロ　二重課税の排除

米国国外を源泉とする所得につき源泉地国の所得税に相当する租税を支払った場合として、一定の要件を満たすときは、当該少数株主は米国の税制上の二重課税排除規定である外国税額控除等の適用を受けることができます。

③　シンガポール

シンガポールの個人所得税の課税対象は、シンガポール国内を源泉とする所得のみとされており、日本法人から受け取る配当や株式の譲渡益は非課税となります。

したがって、原則として、当該少数株主のシンガポールでの課税は生じないものと考えられます。

海外居住親族株主と遺言

Q7-6 日本人である海外居住親族が所有する未上場の国内法人株式について遺言を作成したい場合、その遺言は日本又は居住地国のどちらで作成すべきでしょうか

ポイント

- 財産所在地国である日本において遺言を作成しておくとよい
- 検認等の手間を踏まえると、公正証書遺言を作成することが望ましい

【回答】

日本は、『遺言の方式に関する法律の抵触に関する条約』を批准し、『遺言の方式の準拠法に関する法律』を制定しているため、居住地国の法律に則って作成された遺言であっても、日本での相続手続き上有効と認められます（遺言の方式の準拠法に関する法律2）。

他方、実務上は、居住地国の法律に則って作成された遺言を金融機関や法務局へ提出した場合、相続手続きに相当の時間を要する傾向にあるように感じます。

したがって、未上場の国内法人株式のみを対象とするのであれば、基本的には第三者が介入する相続手続きが不要なため、居住地国の法律に則って作成された遺言で差し支えないものと考えられますが、一般的な海外居住者は、日本の銀行預金や不動産等の、金融機関や法務局等での相続手続きを要する財産を併せて所有していることが想定されるため、

これらの相続手続きを円滑に行うためにも、居住地国の法律において方式上有効と認められる場合には、財産所在地国である日本法に則った遺言を作成しておくほうがよいと考えられます。

この場合、家庭裁判所での検認等の手間を踏まえると、自筆証書遺言ではなく公正証書遺言を作成すべきものと考えられますが、居住地国の大使館や領事館での公正証書遺言の作成は、手間や時間が掛かる可能性があるため、日本への一時帰国の予定があるときは、日本の公証役場での公正証書遺言の作成をおすすめします（民法984）。

なお、居住地国にも財産を所有している場合には、居住地国の法律に則った遺言も併せて作成すべきですが、複数の遺言を残すときは、それぞれの遺言において、対象財産の範囲を財産所在地国に限定し、撤回文言の対象を明記する等、相続時のトラブルを避けるよう注意する必要があります。

〔執 筆 者 紹 介〕(五十音順)

荒川　勝彦(税理士)
池谷　元太(税理士)
岩崎　理恵(税理士)
大牟田　祥(税理士)
奥山　啓彦(税理士)
河合　勇太(税理士)
熊谷　仁志(公認会計士)
小磯　沙織(公認会計士・税理士)
佐伯　草一(税理士)
酒徳　篤史(税理士)
下川　由紀子(税理士)
杉山　健太(税理士・中小企業診断士)
巽　悠太(税理士)
田中　匠(税理士)
田場　万優(税理士)
戸田　千尋(税理士)
西村　卓哉(税理士)
野崎　圭子(税理士)
野畠　浩太郎(税理士)
保谷　智洋(税理士)
三宅　茂久(税理士)
森口　直樹(公認会計士・税理士)
安岡　喜大(税理士)
山田　順子(税理士)
山邑　友実(税理士)
山本　亮太(税理士)

税理士法人　山田＆パートナーズ

〈業務概要〉

2024年に創立43年となる総合型税理士法人として幅広いコンサルティングメニューを揃えている。法人向けには税務顧問業務に加え、企業組織再編やM&A等のホールセール業務、オーナーの事業承継と相続対策を合わせた資産税業務、個人対応では資産承継コンサルティングや相続税申告業務を行い、加えて、国際税務・医療機関向け・公益法人制度サポートについても専担部署を有する。

国際案件については、日本国内で培った様々な案件への対応実績・ノウハウと、海外拠点や海外専門家との連携力を活かして、多くの国々と日本にまたがる案件を手掛けている。

〈沿革〉

2002年４月　税理士法人　山田＆パートナーズ設立
（開業　1981年4月　公認会計士・税理士　山田淳一郎事務所）

2024年８月　国内20拠点、海外７拠点

〈国内事務所一覧〉

【東京本部】

〒100-0005　東京都千代田区丸の内1-8-1　丸の内トラストタワーN館８階

【北関東事務所】

〒330-0854　埼玉県さいたま市大宮区桜木町1-7-5　ソニックシティビル15階

【横浜事務所】

〒220-0004　神奈川県横浜市西区北幸1-4-1　横浜天理ビル４階

【札幌事務所】

〒060-0001　北海道札幌市中央区北一条西4-2-2　札幌ノースプラザ８階

【盛岡事務所】

〒020-0045　岩手県盛岡市盛岡駅西通2-9-1　マリオス19階

【仙台事務所】

〒980-0021　宮城県仙台市青葉区中央1-2-3　仙台マークワン11階

【名古屋事務所】

〒450-6641　愛知県名古屋市中村区名駅1-1-3　JRゲートタワー41階

【静岡事務所】

〒420-0853　静岡県静岡市葵区追手町1-6　日本生命静岡ビル５階

【大阪事務所】

〒541-0044　大阪府大阪市中央区伏見町4-1-1　明治安田生命大阪御堂筋ビル12階

【京都事務所】

〒600-8009　京都府京都市下京区四条通室町東入函谷鉾町101番地　アーバンネット四条烏丸ビル５階

【神戸事務所】
〒650-0001　兵庫県神戸市中央区加納町4-2-1　神戸三宮阪急ビル14階
【新潟事務所】
〒951-8068　新潟県新潟市中央区上大川前通七番町1230-7　ストークビル鏡橋10階
【金沢事務所】
〒920-0856　石川県金沢市昭和町16-1　ヴィサージュ９階
【長野事務所】
〒380-0823　長野県長野市南千歳1-12-7　新正和ビル３階
【広島事務所】
〒732-0057　広島県広島市東区二葉の里3-5-7　GRANODE 広島６階
【高松事務所】
〒760-0025　香川県高松市古新町3-1　東明ビル６階
【松山事務所】
〒790-0003　愛媛県松山市三番町4-9-6　NBF 松山日銀前ビル８階
【福岡事務所】
〒812-0011　福岡県福岡市博多区博多駅前1-13-1　九勧承天寺通りビル５階
【南九州事務所】
〒860-0047　熊本県熊本市西区春日3-15-60　JR 熊本白川ビル５階
【鹿児島事務所】
〒890-0045　鹿児島県鹿児島市武1-2-10　JR 鹿児島中央ビル８階
（2024年９月８日までは、〒892-0847　鹿児島県鹿児島市西千石町11-21　鹿児島 MS ビル５階）

〈海外拠点〉
【シンガポール】
1 Scotts Road #21-09 Shaw Centre Singapore 228208
【中国（上海）】
亜瑪達商務諮詢（上海）有限公司
上海市静安区南京西路1515号　静安嘉里中心１座12階1206室
【ベトナム（ハノイ）】
26th floor West Tower, Lotte Center Hanoi, 54 Lieu Giai, Cong Vi, Ba Dinh, Hanoi, Vietnam
【ベトナム（ホーチミン）】
19th floor, Sun Wah Tower, 115 Nguyen Hue, Ben Nghe, Quan 1, Ho Chi Minh, Vietnam
【アメリカ（ロサンゼルス）】
1411 W. 190th Street, Suite 370, Gardena, CA 90248 USA
【アメリカ（ホノルル）】
1441 Kapiolani Blvd., Suite 910, Honolulu, HI 96814 USA
【台湾（台北）】
105001 台北市松山區復興北路　369號6樓之7

本書の内容に関するご質問は、税務研究会ホームページのお問い合わせフォーム（https://www.zeiken.co.jp/contact/request/）よりお願い致します。なお、個別のご相談は受け付けておりません。

本書刊行後に追加・修正事項がある場合は、随時、当社のホームページ（https://www.zeiken.co.jp/）にてお知らせ致します。

国際事業承継の税務Ｑ＆Ａ

令和６年９月10日　初版第１刷印刷　（著者承認検印省略）
令和６年９月15日　初版第１刷発行

発行所　税務研究会出版局
週刊「税務通信」「経営財務」発行所
代表者　山根　毅
〒100-0005
東京都千代田区丸の内１－８－２
鉄鋼ビルディング
https://www.zeiken.co.jp/

乱丁・落丁の場合は、お取替えします。　印刷・製本　奥村印刷（株）

ISBN978-4-7931-2844-8